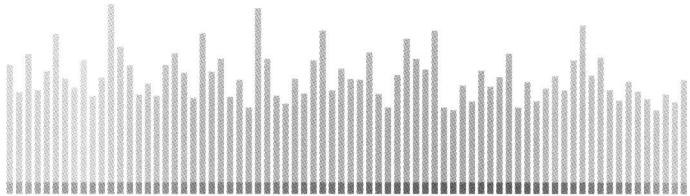

租税競争と差別課税

大島考介 著

大学教育出版

はじめに

　近年、液晶パネルの工場や製薬業の研究所など、企業誘致をめぐる国内の地方自治体間の競争がしばしばニュース等で聞かれるようになった。そのための自治体の手段は、減税や補助金、あるいは企業にとって魅力的なインフラの整備などである。それらの中には、研究開発など特定の分野や業種に対してより大きな優遇策を提供するといったものもあった。また、こうした競争は海外の国や地域の間では以前から行われ、議論の対象となってきた。

　本書は租税競争、中でも差別課税 (tax discrimination あるいは preferential tax regimes) の理論について論じた本である。ここでいう租税競争とは、企業や資本のような移動可能な課税ベース（課税対象）を税制を使って自地域に呼び込もうとする、あるいは税収を確保しようとする国や地方などの政府間の競争のことである。差別課税とは、投資先の産業（金融、製造、流通など）によって異なる税率を適用したり、外資のみ税制上優遇するといった政策である。これに対して、同種の課税ベースには等しく課税する政策を均一課税と呼ぶ。国や地方政府の競争上の手段は、前述のように税に限らないが、本書は差別課税に焦点を当てているため、インフラ整備などによる政府間の支出競争等は原則として対象外としている。

　最近の法人税減税論議もあって、租税競争は比較的多くの人に認識されていると考えられるが、差別課税は一般にあまり馴染みがないかも知れない。いずれも実務家や研究者の間で活発に議論されてきたテーマであるが、差別課税は特にヨーロッパ諸国や EU の実務家の間で重要な課題として議論され、しばしば有害な政策とされてきた。第 1 章以降でも取り上げる OECD（経済協力開発機構）の「有害な租税競争」と題した報告書 (OECD, 1998) ではこ

の観点から、タックス・ヘイブン（租税回避地）と有害な差別課税を合わせて有害な税慣行、あるいは有害な租税競争と呼んでいる。その一方で、研究者の間では、差別課税はむしろ激しい租税競争を一部の課税ベースに限定し、全面的な競争を避けるための好ましい政策であるとの指摘もある。

このように意見の相違がある差別課税について、本書では基本的なモデルからいくつかの拡張モデルまでを提示して解説する。日本との関わりが一見あまり無さそうな租税競争・差別課税であるが、経済のいっそうのグローバル化や中国の台頭といった日本を取り巻く環境の変化と、抜本的な税制改革が見込まれる日本の財政状況を考えたとき、無視できないテーマであるといえるだろう。また、国内の地方自治体間では企業誘致を念頭に置いた租税競争がすでに始まっているといえる。地方分権あるいは地域主権が進展し、地方自治体の税制上の自由度が増したとき、差別課税に関する問題が国内の経済・財政上の課題としても浮上してくる可能性がある。そうした状況の中で、差別課税政策の意味や影響を考える材料を提供することが本書の目的である。

本書の構成はおよそ以下のとおりである。第1章と第2章で租税競争について論じる。第1章では、まず各国間の租税競争の状況、各国が法人税のような企業課税・資本課税の税率を引き下げてきた経緯について簡単に解説する。さらに、タックス・ヘイブン等の問題に対するEUやOECDの対応と最近までの動向について述べる。

第2章では、まずZodrow and Miezkowski (1986)とWilson (1991)らの先駆的な理論モデルを解説する。前者は租税競争を精緻な理論モデルで分析した最初の研究で、対称的な（同質な）地域間の競争を扱っているのに対し、後者は人口の異なる非対称な地域間の競争を分析している。また、これら以後の理論研究、実証研究をいくつか紹介する。

第3章以降では、差別課税について論じる。第3章では、差別課税とは何か、実際に行われた差別課税とその後の経緯を解説し、EUやOECDといった国際機関の見解等を紹介する。また、1990年代に経済的に目覚ましい成長を遂げて注目される一方、その税制が差別課税であるとして批判を受けたア

イルランドを取り上げ、その経緯を紹介する。

　第4章では、差別課税の理論研究を振り返った上で、差別課税の研究に大きな影響を与えた Keen (2001) のモデルを基に、生産関数を明示的に用いた基本的な差別課税のモデルを解説する。Keen の論文は対称的な2国モデルを用いて、差別課税の方が均一課税よりも望ましい（少なくとも同等）という強烈な結論を導いている。

　第5章、第6章では、前章の基本モデルを拡張した非対称な地域間の差別課税による競争モデルを検討する。第5章では地域間で人口が異なる場合、第6章では生産性も異なる場合を考える。後者において、基本モデルと異なる結論が生じうることを示す。

　第7章では、集積の経済（規模の経済性）が存在する場合に、結論が基本モデルからどう変化するかを検討する。集積の経済がある場合には、無い場合と比べて差別課税の重要性が高まることを示す。

　第8章では、基本モデルや多くの差別課税の研究が前提としてきた、課税ベースである2種類の資本が別物であり、互いに代替性がまったく無いという仮定を外した場合について分析する。すなわち、資本をお金（マネー）とみなしたとき、これまでの研究が2種類のお金を色分けして完全に区別するという極端な仮定を取っていたのに対して、本章ではお金の色分けはないというもう一方の極端な仮定を取っている。このとき政府は資本自体（供給側）の相違ではなく、生産者の技術の相違に基づく資本の価格弾力性（需要側）の違いに注目して税率を決定する。現実との関連でいえば、特定の産業への投資や誘致を税制上優遇する政策といえる。この結果、一定の条件の下で基本モデルの結果が覆る（均一課税の方が望ましい）ことを示す。

　第9章では、一方の国では差別課税、他方では均一課税といった現実に見られるが理論モデルでは扱いにくい状況を、数値計算を用いて分析する。

　筆者は地方財政の観点から租税競争のような政府間の競争、中でも差別課税に関心を持ち、研究テーマの1つとしてきたが、本書は2005年頃から最近までの研究をまとめ、整理・加筆したものである。政府間の競争は引き続き

研究していくが、差別課税についてはこのあたりで一区切りをつけ、本にまとめようと考えた次第である。

　共同研究でご一緒させて頂いた國崎稔教授（愛知大学）、中村和之教授（富山大学）、菅原宏太准教授（京都産業大学）からは、本書の研究のきっかけを頂いた。さらに菅原准教授は本書の草稿に対して有益なご助言を下さった。また、本書の基となる論文には研究会の出席者や学術誌のレフェリーから多くのコメントを頂いた。この場を借りて心からお礼を申し上げたい。もちろん残る誤りの責任は筆者にある。また本書の出版に当たり、流通科学大学研究成果出版助成費の助成を頂いた。

　本書は筆者の最初の著書である。大学院を出てから年数が経ってしまったが、学部時代にお世話になった大村達弥先生、大学院でご指導下さった本間正明先生、跡田直澄先生をはじめとする先生方に改めて感謝申し上げる。最後に、筆者を常に支えてくれた両親の健康を祈りたい。

2011 年 7 月

大島 考介

目 次

はじめに ... i

第 1 章 租税競争 ... **1**
1.1 租税競争とは ... 1
1.2 EU の対応 ... 5
1.3 OECD の対応 ... 6

第 2 章 租税競争のモデル ... **11**
2.1 ZMW モデル ... 11
2.2 非対称地域のモデル ... 15
2.3 その後の理論研究 ... 21
2.4 実証研究 ... 25
    2.4.1 基本的な手法 ... 26
    2.4.2 これまでの研究 ... 28

第 3 章 差別課税とは何か ... **33**
3.1 差別課税とは ... 33
3.2 アイルランドの挑戦 ... 36

第 4 章 差別課税の理論と基本モデル ... **41**
4.1 差別課税をめぐる議論 ... 41
4.2 基本モデル ... 45
    4.2.1 差別課税 ... 47
    4.2.2 均一課税 ... 48

第5章 非対称地域1　人口　51
5.1 2次生産関数モデル 51
5.1.1 差別課税 52
5.1.2 均一課税 54
5.2 コブ・ダグラス型生産関数モデル 55
5.2.1 一般型モデル 55
5.2.2 数値計算 56

第6章 非対称地域2　生産性　59
6.1 2次生産関数モデル 59
6.1.1 差別課税 60
6.1.2 均一課税 61
6.2 コブ・ダグラス型生産関数モデル 61
6.2.1 一般型モデル 62
6.2.2 数値計算 62
6.3 人口・生産技術とも非対称な場合 63

第7章 集積の経済　67
7.1 モデル 68
7.1.1 差別課税 69
7.1.2 均一課税 70
7.1.3 税収の差 70
7.2 集積の経済の影響 71

第8章 単一の資本と差別課税　77
8.1 単一資本モデル 78
8.1.1 差別課税 79
8.1.2 均一課税 80
8.2 数値計算 83

8.3	結語	85

第 9 章 異なる課税ルール — **87**

9.1	異なる課税ルールのモデル	87
9.2	2次生産関数	89
9.3	コブ・ダグラス型生産関数	91
9.4	2国間のゲーム	94
9.5	結語	95

付録　数値計算のプログラム — **97**

参考文献 — **113**

索引 — **121**

第1章　租税競争

1.1　租税競争とは

　経済のグローバル化や、その影響が論じられるようになってすでに久しい。1970年代末以降、先進諸国での規制緩和と情報通信その他の技術革新の進展に伴い、貿易や国際間の投資など、いわゆるモノとカネの移動が大幅に増加した。資本などの生産要素の移動性が高まれば、それらが最も必要とされる（限界生産性の高い）ところで利用されるようになるため、経済全体の効率性を高める。これはグローバル化のメリットといえる。

　世界の貿易額は1975年で9,000億ドル、80年に2兆ドル、90年に3兆4,000億ドル、2000年には6兆5,000億ドルに達している（Statistics database, WTO ウェブページより）。海外直接投資の世界全体の額は1975年に290億ドル、80年に520億ドル、90年に2,300億ドル、2000年には1兆2,000億ドルにまで伸びている（UNCTAD ウェブページより）。つまり、同じ期間に貿易額が7倍程度に増えたのに対して、海外直接投資は40倍以上にもなっているのである。一方、人間の移動である移民の数はこれらの伸びには及ばない。最も多くの移民を受け入れているアメリカにおいて、人口に占める移民流入の割合は1980年から2000年を通じて0.2～0.4％の範囲に収まっている（OECD, 2005）。すなわち、ヒト・モノ・カネのうち最も移動が増加したのはカネ、つまり資本であるといえる。

　こうした状況は、各国および地方の政府の課税政策にも影響を及ぼさないわけにはいかない。なぜなら、資本の移動性が高まることは、税制・税率によっては資本が自分の国や地域から他国・他地域へ流出してしまうことを意

味するからである。企業の立地は税だけによって決まるわけではないが、他の条件に大差がなければ税負担が決め手になることは十分にありうる。

元来、各国の税制はまず自国の経済・社会的な課題に応じて作られてきた。公共サービスの水準や、高所得者と低所得者の間の所得再分配の規模をどうするかといった国内の問題が第一であり、国内外の企業の立地等は資本の国際的な移動が少なかった時代には大きな問題ではなかった。しかし上記のような経済のグローバル化を受けて、各国は資本課税政策の転換を余儀なくされた。具体的には、資本や企業を自国に誘致して雇用等を増やすため、あるいはそれらの流出を阻止するため、法人税率や課税ベース（課税対象）の変更などによる国家間・地方政府間の税の引き下げ競争、すなわち租税競争を本格化させた。

図1.1は日米欧主要国の国と地方を合わせた法人税率の1985年以降の推移である。各国とも趨勢としては税率を引き下げる方向にあり、日本やアメリカが下げ止まっているのに対して、ドイツは直近でも大きく引き下げていることが分かる（図が煩雑になるのを避けるためイタリアを含めなかったが、1985年の46.4％から2010年時点で27.5％と約20％ポイント下げている）。

法人税率を引き下げても、国内への投資が思ったほど伸びなければ、税収は減ってしまう。減った分は、資本よりも移動性の低い課税ベースに重く課税することで賄わなければならない。図1.2から、ヨーロッパ諸国が日本の消費税に当たる付加価値税の税率を引き上げてきたことが分かる（イギリスでは2011年に20％に引き上げられた）。これは図1.1の法人税率引き下げの動きと対照的である。日本でもこの間、1989年に消費税が税率3％で導入され、97年には地方消費税を含めて5％に引き上げられた。

上記の主要国以外の国々、あるいは世界全体の法人税率の傾向はどうだろうか。図1.3は、世界114カ国、OECD加盟国、ヨーロッパ諸国の国と地方を合わせた法人税率平均値の2000年以降の推移である。最近の10年間で、いずれも7～10％程度下げていることが分かる。また、世界全体がOECD加盟国より若干低い程度で推移しているのに対して、ヨーロッパが大きく税率

1.1 租税競争とは 3

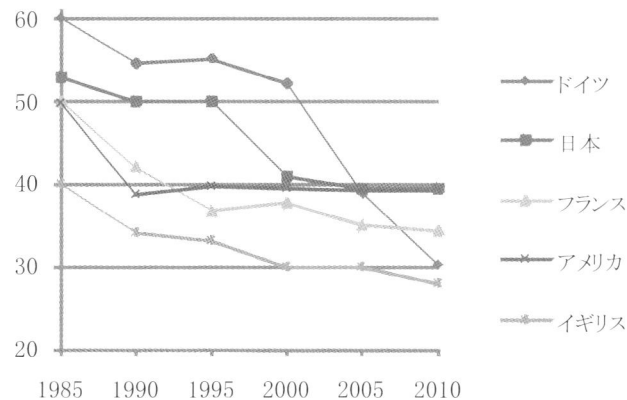

OECD (2010) を基に筆者作成。1985年の日本の税率は財務省資料を用いた。

図 1.1: 主要国の法人税率の推移（国＋地方）

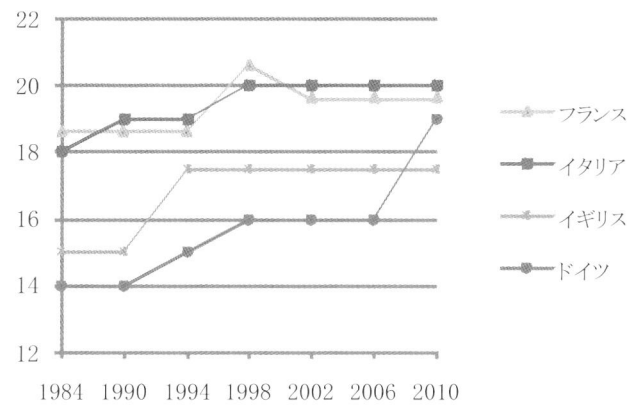

OECD (2010) を基に筆者作成。

図 1.2: 欧州主要国の付加価値税率の推移（標準税率）

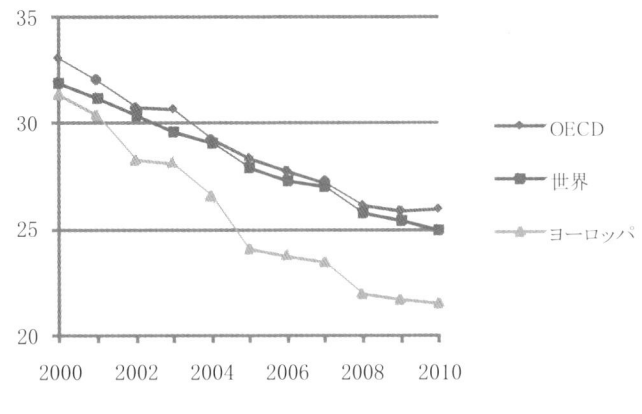

KPMG (2010) より作成。

図 1.3: 法人税率平均の推移（国＋地方）

を下げており、直近の税率が図 1.1 のイギリス、ドイツ、フランスなどよりも 10％前後低くなっていることなども見て取れる。一方、OECD 加盟国の税率は近年下げ止まっていることも分かる。

　法人税率が全体として引き下げられている中で、税率が特に低い、またはゼロ％の国も存在する。表 1.1 はその例である。税率がゼロまたはほぼゼロのような国・地域をタックス・ヘイブン（租税回避地）と呼び、それらは次節で述べるように問題視されている。

表 1.1: ゼロまたは低税率国の例（単位：％）

	税率		税率
英領バミューダ	0	英領マン島	0
バハマ	0	キプロス	10
バーレーン	0	アイルランド	12.5
ケイマン諸島	0	シンガポール	17

KPMG (2010) より作成。

　こうした法人税率引き下げの流れは、経済全体への視点からはどのように

考えることができるだろうか。1つの考え方は、税収が減って公共サービスの水準が低下するので好ましくないというものである。Oates (1972) は地方財政を対象とした先駆的な研究の中で、資本が移動可能であれば各地方政府は資本の流出を恐れて税率を引き下げ、公共サービス水準の低下を通じて住民の効用が下がってしまう可能性があると述べている。このような状況は「底辺への競争 (race to the bottom)」と呼ばれており、同じことは国同士の関係についてもいえる。こうした考え方の前提として、経済学で標準的な、住民の効用を最大化する政府が想定されている。次章で紹介する租税競争の理論とその後の研究は、基本的にこの流れを汲んでいる。

もう1つの考え方は、政府は無駄な支出を増やして肥大化する傾向があるので、競争して支出を削減することはむしろ望ましい、というものである。その背景には、政府は政治家や役人、圧力団体等の私的利益の追求により支出を増大させる「リバイアサン (Leviathan)」であるとする公共選択の理論がある。Brennan and Buchanan (1980) に代表されるこうした考え方は、Edwards and Keen (1996) などによって租税競争理論にも取り入れられている。

これら2つの考え方のうち、後者の租税競争は望ましいとする考え方は、政府支出の肥大化やその対策といった問題を検討するのには有意義である。しかし、住民の効用最大化を目標とする政府を考えることは分析の基準あるいは出発点として有益であり、現実にも政府のそうした側面は無視できない。そこで本書では前者の考え方に基づき、次章で経済理論のモデルを用いた分析を紹介する。

1.2　EUの対応

EU や OECD といった国際機関・組織は、市場統合や経済のグローバル化の意義を強調・評価しつつ、租税競争による各国財政への影響といった負の側面に警鐘を鳴らしてきた[1]。

---
[1] 鶴田 (2001) 参照。

ヨーロッパでは、EU の前身である EC（ヨーロッパ共同体）、EEC（ヨーロッパ経済共同体）において、市場統合を目指す観点から、加盟国の個別の税や補助金等が物や資本の流れを歪めることへの懸念が示されてきた。EC は付加価値税を柱とする間接税の制度や税率の収斂については成果を上げてきた。1977 年の第 6 次付加価値税指令において、標準税率は 15 ％以上、軽減税率は 5 ％以上で 2 つ以内などと規定され、イギリスのように新聞や食料品などをゼロ税率としている国もあるが、加盟各国は概ねこれに沿って付加価値税率を定めている。

一方、法人税では加盟国の法人税制共通化を目指したいくつかの報告書、改正案がまとめられたが、加盟国の反対により採択・実行には至らなかった[2]。1992 年のルディング報告は、EC 各国で外資への税率等の優遇が行われ、それが企業の意思決定に大きく影響していることを指摘し、段階を踏んで法人税率を一定範囲内に収め、課税ベースも調和することを提案している。しかしこれも加盟各国の反対により採択されなかった。1997 年の「企業課税に関する行動要綱」については第 3 章で言及する。

その後 EU 内では、加盟国間の税率の調和よりも課税ベースを揃えていくことに焦点が移ってきており、欧州委員会（European Commission、EU の執行機関）はすべての加盟国の代表が参加する共通統合法人課税ベースのワーキング・グループ (Common Consolidated Corporate Tax Base Working Group, CCCTB WG) を設けて 2004 年から議論を続けている[3]。

1.3　OECD の対応

租税競争の負の側面への対応に取り組んできたもう 1 つの機関が OECD である。1998 年、OECD は「有害な租税競争」と題した報告書を採択した。この中で、各国の税政策が貿易と投資のパターンを歪めて世界全体の厚生を下

---

[2] 浅田 (1997)、Blue (2000) 等を参照
[3] European Commission (2010) 参照。

げる可能性や、各国が税負担を移動可能性の小さい要素に移す形で税制を改定する可能性を指摘している。

　同報告書は、本書の第3章以降で取り上げる差別課税と並んで、タックス・ヘイブンを強く問題視している。タックス・ヘイブンは、法人税率をゼロまたはそれに近くしているのに加えて、通常、他国の税務当局との情報交換も行わない。報告書によれば、タックス・ヘイブンに投資する者は、居住する国が国防や社会保障その他の公共サービスに要する費用を賄うための税負担を免れることができ、実質的にフリー・ライダーとなっているのである。また報告書は、タックス・ヘイブンを判別するための以下の4つの要件を挙げている。①を満たし、②〜④のいずれかに該当すればタックス・ヘイブンとみなされる。

① 当該所得への課税が無いか、またはわずかである
② 利益を受ける納税者に関する税務当局間の情報交換の欠如
③ 法規定の運用上の不透明性
④ 誘致される企業等の実質的な活動が要求されない

　またOECDは2000年の報告書で、バハマやマン島、リヒテンシュタインなど35の国と地域からなるタックス・ヘイブン・リストと、2005年までに不透明性や情報交換の欠如といった有害税制を除去することを約束し、リストに載せなかったケイマン諸島やキプロスなど6つの国と地域を公表した。OECDは35のタックス・ヘイブンに有害税制の除去を求め、これを約束しないリヒテンシュタインなど7カ国を「非協力的タックス・ヘイブン・リスト」として公表したが、7カ国は2009年までに有害税制の除去を約束し、リストから外された。また2009年4月のG20首脳会議がタックス・ヘイブンの監視強化で合意したのに合わせて、コスタリカ、マレーシア、フィリピン、ウルグアイを国際基準に同意しない国として公表している（表1.2）。

　こうした努力や各国の圧力によって、タックス・ヘイブン諸国は各国と租税協定を結ぶなどして情報提供を行うようになりつつある。2010年8月15日付け日本経済新聞は「日本の直接投資　租税回避地向け急減」と題する記事の

中で、日本がケイマン諸島政府から脱税関連の情報提供を受けられる体制を整え、ケイマン諸島向けの日本の直接投資が急減、2009 年下半期の 1 兆 766 億円の流出超から投資引き揚げにより 2010 年上半期は 485 億円の流入超となったことを伝えている。

表 1.2: 2009 年 4 月時点の進捗状況

国際的に合意された税基準を施行している国・地域*	アルゼンチン、オーストラリア、バルバドス、カナダ、中国、キプロス、チェコ、デンマーク、フィンランド、フランス、ドイツ、ギリシャ、ガーンジー、ハンガリー、アイスランド、アイルランド、マン島、イタリア、日本、ジャージー、韓国、マルタ、モーリシャス、メキシコ、オランダ、ニュージーランド、ノルウェー、ポーランド、ポルトガル、ロシア、セイシェル、スロヴァキア、南アフリカ、スペイン、スウェーデン、トルコ、アラブ首長国連邦、イギリス、アメリカ、米ヴァージン諸島
約束しているがまだ施行していない国・地域（タックス・ヘイブン）	アンドラ、アンギラ、アンティグア・バーブーダ、アルバ、バハマ、バーレーン、ベリーズ、バミューダ、英ヴァージン諸島、ケイマン諸島、クック諸島、ドミニカ、ジブラルタル、グレナダ、リベリア、リヒテンシュタイン、マーシャル諸島、モナコ、モントセラト、ナウル、蘭アンティル、ニウエ、パナマ、セントクリストファー・ネーヴィス、セントルシア、セントビンセント・グレナディーン、サモア、サンマリノ、タークス・カイコス諸島、バヌアツ
同（その他の金融センター）	オーストリア、ベルギー、ブルネイ、チリ、グアテマラ、ルクセンブルク、シンガポール、スイス
約束していない国・地域	コスタリカ、マレーシア（ラブアン）、フィリピン、ウルグアイ

OECD (2009) より作成。
* 国際的に合意された税基準は、2004 年の G20 財務大臣会議や 2008 年の国連の税に関する国際協力の専門家委員会で承認され、国内の利害にかかわらず請求に応じて税務情報を交換することを求めている。

第2章 租税競争のモデル

本章では、厳密な経済モデルを用いた資本に関する租税競争の先駆的な研究の中から、多数の同質（そっくり同じ）な地域からなる ZMW モデルと、人口が異なる 2 地域からなる非対称地域モデルの 2 つを 2.1、2.2 節で紹介する[1]。複数の地域にまたがる問題を新たに考えるとき、同質な地域という単純化されたモデルから始めることは、より複雑なモデルと比較する上で基準として有益であり、常套手段ともいえる。さらに 2.3 節ではその後の理論研究、2.4 節では実証研究を簡潔に紹介する。

2.1 ZMW モデル

租税競争を最初に厳密な経済モデルで論じたのは Zodrow and Mieszkowski (1986) と Wilson (1986) である。このため彼らのモデルは ZMW モデルと呼ばれる。ここでは前者に基づいて ZMW モデルの基本的なメカニズムを検討する。なお、元の論文の土地を労働に置き換え（いずれにしても移動せず供給が固定的な生産要素として扱っており、モデルの含意は変わらない）、地方政府間の競争を国同士の競争とし、人頭税を省略するなど、若干の変更を行っている。

多数の同質な国と、競争的な市場からなる経済を考える（図 2.1）。ここで多数とは、個々の国の経済全体に占める人口や資本のシェアが極めて小さく、その税政策が利子率に及ぼす影響を無視できるという意味である。各国の人

---

[1] 本章で扱うモデルを詳しく解説した文献としては Wellisch (2000)、Haufler (2001) や堀場 (2008)、租税競争のさまざまな理論モデルをサーベイした文献としては Wilson (1999)、Zodrow (2003)、小川 (2006)、松本 (2006) などを参照。

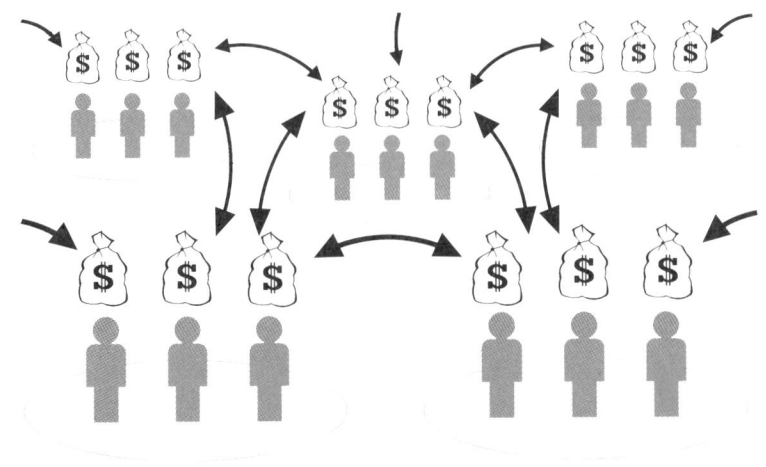

図 2.1: 多数の同質な国

口(=労働者数)は L で等しく、それぞれ 1 単位の労働と $\bar{k}$ の資本を保有し、労働市場と資本市場に供給する。資本は国の間を完全に自由に移動できるが、労働は移動できない。i 国に投資される資本量を人口 L で割った 1 人当たり資本量を k^i で表し、経済全体の資本量を $\bar{K}$ で一定とすると、資本市場の需給均衡条件は以下の式で表される。

$$\sum_i L k^i = \sum_i L \bar{k} = \bar{K} \tag{2.1}$$

各国は同質な財を生産し、その価格を 1 に正規化する。生産関数は一次同次で、各国で同じであり、労働を省略して 1 人当たりの関数で $f(k^i)$ と表す。f は k^i について 2 階微分可能で、$f'(k^i) > 0$、$f''(k^i) < 0$ を満たす。

各国は自国に投資される資本に税率 t^i の従量税を課す。賃金を w^i、税引き後(ネット)の利子率を r で表すと、企業の利潤 Π は

$$\Pi = L\bigl(f(k^i) - w^i - (r + t^i)k^i\bigr)$$

である。資本市場の裁定により、r はすべての国で等しい。企業は r や w^i、t^i を所与として利潤を最大化するように k^i の水準を決定する。この利潤最

大化条件は

$$r + t^i = f'(k^i) \tag{2.2}$$
$$w^i = f(k^i) - k^i f'(k^i) \tag{2.3}$$

となる。(2.2) を微分して整理すると、i 国の税率の変更による自国の資本量への影響を得ることができる。

$$\frac{dk^i}{dt^i} = \frac{1}{f''(k^i)} \tag{2.4}$$

(2.4) の右辺は負であり、税率の引き上げは資本量の減少（他国への流出）につながる。

各国の代表的な住民は、賃金 w^i と資本所得 $r\bar{k}$ を得て、それらを私的財の消費 c^i に充てる。(2.2)、(2.3) より家計の予算制約式は以下のとおり。

$$c^i = f(k^i) - (r + t^i)k^i + r\bar{k} \tag{2.5}$$

公共財は完全な競合性のある政府供給の私的財とする。また、企業が生産した財は私的財としても公共財としても利用できる。言い換えれば、公共財と私的財は互いに 1 対 1 で変換できる。したがって両者の限界変形率は 1 である。政府は税収を公共財の生産に充て、その量を g^i で表すと、政府の予算制約式は以下で表される。

$$g^i = t^i k^i \tag{2.6}$$

代表的な住民の効用関数は $u(c^i, g^i)$ で表され、政府はこれを最大化するように税率を決定する。したがって (2.5)、(2.6) より政府の最大化問題は次のようになる。

$$\max_{t^i} u(c^i, g^i) = u\big(f(k^i) - (r + t^i)k^i + r\bar{k},\ t^i k^i\big) \tag{2.7}$$

(2.4) を使ってこれを解くと、

$$-u_c k^i + u_g \left(\frac{t^i}{f''(k^i)} + k^i \right) = 0$$

各国は同質なので対称的な均衡（税率や資本量が各国間で等しい）を考える。このとき $k^i = \bar{k}$ である。上記の式を整理し $k^i = \bar{k}$ を代入すると、以下の式を得る。

$$\frac{u_g}{u_c} = \frac{1}{1 + t^i/(kf''(\bar{k}))} \tag{2.8}$$

ナッシュ均衡の税率は (2.8) を解いて求められる。

(2.8) の左辺は公共財と私的財の限界代替率である。右辺は公共財の限界費用、あるいは課税の限界費用で、限界変形率 ($= 1$) よりも大きい。仮にこの経済の各国が鎖国しているか、合併して1つの国になった場合、国と国の間の資本の移動は無く、$dk^i/dt^i = 0$ である。これを使って政府の最大化問題 (2.7) を解くと、(2.8) は $u_g/u_c = 1$ に置き換えられる。すなわち限界代替率と限界変形率が等しくなり、公共財の最適供給の条件であるサミュエルソン条件が満たされる。一方の (2.8) は、租税競争の結果、公共財の供給が過少になっていることを示している。

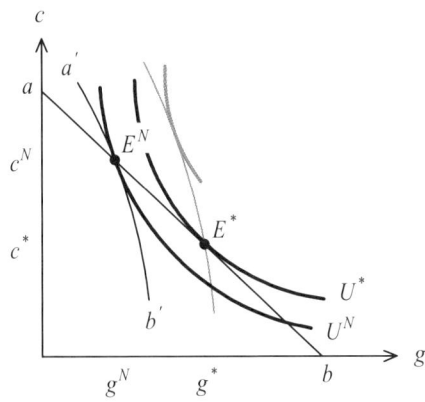

図 2.2: 最適解と租税競争解

これらを図に示したのが図 2.2 である。私的財と公共財は1対1で変換可能なので、生産可能性曲線は傾き -1 の直線 a-b で表される。資本移動の無い1国のみの経済でも、租税競争の下でも、1人当たり資本は $k^i = \bar{k}$ なので

生産可能性曲線は同じである。資本移動の無い経済では均衡点 E^* が実現し、公共財と私的財の水準はそれぞれ g^* と c^*、効用水準は U^* である。

ところが資本が移動可能であれば、各国政府は税率増による資本流出がもたらす他国への外部経済を考慮せず、資本流出を公共財供給の限界費用の増加ととらえる。すなわち1国の視点から見た消費可能性曲線の傾き（その絶対値が公共財の限界費用）が -1 よりも急であり、他国の税率を所与としたとき、E^* から逸脱して税率を引き下げ、無差別曲線と接する点を選択することが望ましい。また、他の国々が税率を引き下げた場合、自国も引き下げなければ資本が流出し、生産量と効用水準が大きく減少してしまう。したがって E^* はナッシュ均衡になりえない。こうして租税競争に突入するのだが、$k^i = \bar{k}$ より均衡点は生産可能性曲線 a-b 上に乗っていなければならない。よってナッシュ均衡点は a-b 上で無差別曲線と消費可能性曲線 a'-b' が接する E^N となる。こうして、資本課税で賄う公共財は過少供給 (g^N) となり、効用水準も U^N に低下してしまうのである。

地方政府間の租税競争であれば、国が介入して各地域の税率を引き上げさせればサミュエルソン条件が満たされ、住民の効用も高まる。国同士の競争であれば同じようにはいかないが、各国が協調して税率を引き上げれば住民の効用を高めることは可能である。ところが、地域間の人口に差があれば租税競争の下での地域の効用水準にも差が生じる。人口差が十分に大きければ、一方の国ではサミュエルソン条件を満たす協調解よりも高い効用水準が得られるかも知れない。次節でこの問題を扱う。

2.2　非対称地域のモデル

ZMW モデルは多数の同質な地域を仮定しているが、実際には人口の多い地域（あるいは大国）と少ない地域（小国）がある。また地域数が少なければ、各国は税率変更によって利子率を動かすマーケット・パワーを持ち、自国民の効用を最大化するときにそれを計算に入れるだろう。Bucovetsky (1991)、

Wilson (1991) はこれらを考慮したモデルである[2]。ここでは後者に基づき、議論の要点を概観する。

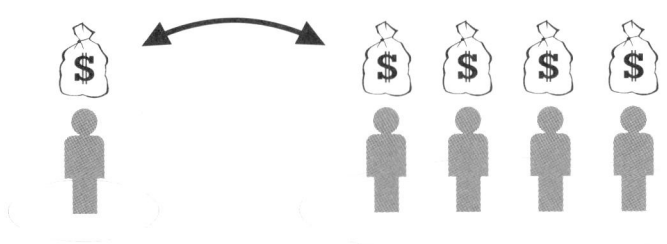

図 2.3: 非対称な 2 国

2 つの国と競争的な市場からなる経済を考える。2 国は人口以外はすべての点で同質である（図 2.3）。両国の住民はそれぞれ 1 単位の労働を供給し、保有する $\bar{k}$ の資本を資本市場に投資する。資本は国の間を完全に自由に移動できるが、労働は移動できない。i 国 ($i \in \{1, 2\}$) に投資される資本量を K^i、1 人当たり資本量を k^i で表す。経済全体の資本量を $\bar{K}$ とすると、資本市場の需給均衡条件は以下のようになる。

$$K^1 + K^2 = \bar{K}$$

i 国の人口（労働力）を L^i、経済全体に占める人口のシェアを s^i、経済全体の人口を $\bar{L}$ で表すと、$s^i = L^i/\bar{L}$ となり、これを上の式に用いると 1 人当たりの変数で

$$s^1 k^1 + s^2 k^2 = \bar{k} \tag{2.9}$$

と表せる。ただし $s^1 + s^2 = 1$ である。

本節でも生産される財は 1 種類で、価格を 1 に正規化する。生産関数は 1 次同次で両国共通、2 階微分可能とする。よって労働を省略して 1 人当たりの関数は $f(k^i)$ と書ける。生産関数は $f' > 0$、$f'' < 0$ を満たすものとする。

---

[2] 前者は小国の方が住民の効用が高くなるという結論を得るのに 2 次の生産関数を使っているが、後者は一般型の生産関数で同様の結論を導いている。

ネット（税引き後）の利子率を r と置くと、企業の利潤最大化と資本市場の裁定条件より以下を得る。

$$f'(k^1) - t^1 = f'(k^2) - t^2 = r \tag{2.10}$$

ただし t^1, t^2 は各国の従量税の税率である。2国の税率が決まれば、(2.9)、(2.10) より資本の配分と利子率 r が決定する。

税率の変化が自国の資本量に及ぼす影響はどうなるだろうか。(2.9) をそれぞれ k^1, k^2 について解き、(2.10) に代入、微分して整理すると以下を得る。

$$\frac{dk^i}{dt^i} = \frac{1 - s^i}{(1 - s^i)f''(k^i) + s^i f''(k^j)} < 0, \quad i \neq j \tag{2.11}$$

(2.11) 右辺の分子は小国の方が大きく、これによって右辺全体の絶対値も小国の方が大きくなる[3]。つまり、小国の方が資本市場におけるマーケット・パワーが小さく、より資本流出に敏感にならざるを得ない。これが大国との租税戦略の違いとなって表れる。

各国の代表的な住民は、賃金 $f(k^i) - (r + t^i)k^i$ と資本所得 $r\bar{k}$ を得て、それらを私的財の消費 c^i に充てる。よって家計の予算制約式は以下のとおり。

$$c^i = f(k^i) - (r + t^i)k^i + r\bar{k} \tag{2.12}$$

公共財は完全な競合性のある政府供給の私的財とする。また、公共財と私的財は互いに1対1で変換できる。したがって両者の限界変形率は1である。政府は税収を公共財の生産に充て、その量を g^i で表すと、政府の予算制約式は以下で表される。

$$g^i = t^i k^i \tag{2.13}$$

代表的な住民の効用関数は $u(c^i, g^i)$ で表され、政府はこれを最大化するように税率を決定する。したがって (2.12)、(2.13) より政府の最大化問題は次の

---

[3]例えば2次関数の f を仮定すると分母は負の定数となることが簡単に示せる。詳しくは Bucovetsky (1991)、Wilson (1991) 参照。

ようになる。

$$\max_{t^i} u(c^i, g^i) = u\bigl(f(k^i) - (r+t^i)k^i + r\bar{k},\ t^i k^i\bigr) \tag{2.14}$$

これを解いて整理すると、

$$f''(k^i)\frac{dk^i}{dt^i}(\bar{k}-k^i) - \bar{k} + \frac{u_g}{u_c}\left(k^i + t^i \frac{dk^i}{dt^i}\right) = 0 \tag{2.15}$$

(2.15) の第 1 項は資本輸出国では正、資本輸入国では負である。第 2 項はどちらの国でも負、第 3 項は各国が適切に税率を決めている限り正である（カッコ内は g^i を t^i で微分したものに等しい）。いま仮に、両国が同じ税率を選択し、したがって 1 人当たり資本も同じ水準 ($k^i = \bar{k}$) になったとしよう。その場合、第 1 項は両国でゼロ、第 2 項も等しいが、(2.11) より第 3 項は小国の方が小さくなる。したがって $t^1 = t^2$ は均衡にはなりえない。このとき小国が税率を引き下げれば、(2.10) より小国の 1 人当たり資本は増加し、第 3 項の値も増加して (2.15) が満たされ、均衡が成立する[4]。地域 1 が小国、地域 2 が大国であれば、$t^1 < t^2$、$k^1 > k^2$ となる。

直観的な理解を得るため、まず小国の人口が大国に比べて無視しうるほど小さいという極端なケースを考える。すなわち、再び地域 1 を小国、地域 2 を大国とすると、実質的に $s^1 = 0$、$s^2 = 1$ であるとする。このとき (2.11) より

$$\frac{dk^1}{dt^1} = \frac{1}{f''(k^1)} \tag{2.16}$$

$$\frac{dk^2}{dt^2} = 0 \tag{2.17}$$

である。地域 1 が無視しうるほど小さいことと、(2.17) より $k^2 = \bar{k}$ である。(2.16) と (2.17) をそれぞれ (2.15) に代入して整理すると以下を得る。

$$\frac{u_g^1}{u_c^1} = \frac{1}{1 + t^1/(k^1 f''(k^1))} > 1 \tag{2.18}$$

$$\frac{u_g^2}{u_c^2} = \frac{\bar{k}}{k^2} = 1 \tag{2.19}$$

---

[4] この部分は Bucovetsky (1991)、Haufler (2001) に基づいている。

すなわち、大国では実質的にサミュエルソン条件を満たすように公共財が供給されるのに対して、小国ではサミュエルソン条件は満たされない。

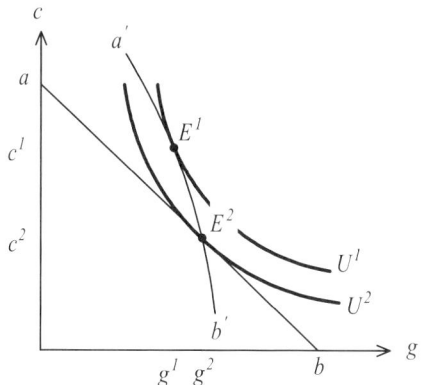

図 2.4: 大国と小国の均衡 その1

これを図に表したのが図2.4である。大国は課税による資本流出を考えず、実際に流出する資本も無視できる量なので、生産可能性曲線と消費可能性曲線はa-bで一致する。よってサミュエルソン条件を満たすE^2点を選択する。一方、小国は課税による資本流出に直面しているため、より傾きが急な消費可能性曲線a'-b'に直面している。小国は大国と同じ税率にすることでE^2点を選択することもできる（したがってa'-b'はE^2を通る）が、この点では無差別曲線と消費可能性曲線が交差しており、前述のように税率を引き下げることでa'-b'に沿ってより効用水準の高い点に移動することができる。最終的には、a'-b'と無差別曲線が接するE^1点を選択する。この場合には、話し合いによる協調的な税率引き上げが可能だとしても、小国がそれに応じるインセンティブはない。

次に、小国の人口が無視しうるほど少なくはないという、より普通に見られる状況について考える[5]。一般性を失うことなく、租税競争による均衡税率

---

[5]Wilson (1991) は均衡税率の低い国の方が効用が高くなること、人口の少ない国の方が低い均衡税率を選択することを順に証明している。

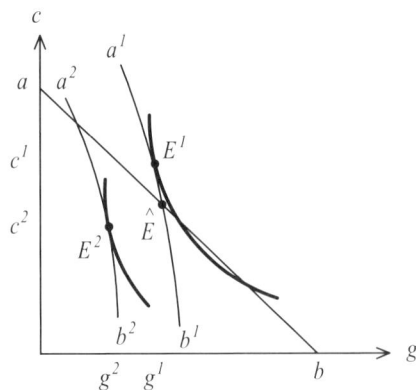

図 2.5: 大国と小国の均衡 その 2

$\hat{t}^1$、$\hat{t}^2$ が $\hat{t}^1 < \hat{t}^2$ であるとする。図 2.5 で a^1-b^1 は第 2 国が租税競争の下で選択する税率 $\hat{t}^2$ を所与としたときの第 1 国の消費可能性曲線、a^2-b^2 は第 1 国が租税競争の下で選択する税率 $\hat{t}^1$ を所与としたときの第 2 国の消費可能性曲線である。

両国が税率を $\hat{t}^2$ としたときの均衡点を $\hat{E}$ とすると（両国が同じ税率を選べば均衡点は生産可能性曲線 a-b 上に位置する）、a^1-b^1 は $\hat{E}$ の左側では a-b より上に位置することが証明できる。$\hat{t}^1 < \hat{t}^2$ より、第 2 国が選択する E^2 点は a-b より下に位置する。さらに、E^2 点は $\hat{E}$ から $t^2 = \hat{t}^2$ のまま第 1 国の税率を $\hat{t}^2$ から $\hat{t}^1$ に引き下げたときの均衡であるため、E^2 点は $\hat{E}$ よりも左側に位置することが証明できる。よって E^2 点は a^1-b^1 よりも下に位置し、小国の方が効用水準が高くなる。ただし人口の差がそれほど大きくなければ、租税競争により両国とも最適解に比べて効用水準は低くなる。仮に協調して税率を引き上げることが可能ならば、両国とも効用水準が増加するのである。

2.3 その後の理論研究

租税競争理論の研究は、ZMW モデルと Wilson (1991)、Bucovetsky (1991) 等を基に、さまざまな方向への拡張が進められた。それらのうち、差別課税以外のいくつかを以下に簡潔に記す。

地域数・貿易　ZMW モデルは多数の地域間の競争モデルであったが、Hoyt (1991) は国の数（あるいは地域数）が減少したときの租税競争への影響を分析し、公共財の過少供給の程度が緩和されることを示した。Wilson (1987) は多数の同質な国と同質な個人、貿易を扱えるように 2 つの私的財（一方が他方より資本集約的）からなるモデルを考えた。すると均衡において、資本集約財の生産に特化し資本税率が低い（公共財は少ない）国と、労働集約財の生産に特化し税率が高い（公共財は多い）国が現れる。すなわち、同質な国の間で公共財の供給に違いが生じ、非効率となる。租税競争によってこのような分配上の非効率が生じることが示された。

労働供給・移動・課税　労働所得税を課すことができ、労働供給が固定的ならば、労働所得税は人頭税と同じく経済を歪めることが無く効率的である。この場合には政府は資本税を課す必要は無く、その望ましい税率はゼロである。しかし、個人が労働時間を選択できることなどから労働供給が可変であれば、労働所得税も非効率となり、政府は資本税とのバランスを考えながら租税競争を行う。Bucovetsky and Wilson (1991) は労働供給が可変な同質の個人と有限個の同質の地域からなる 2 期間モデルにおいて、以下のことを示した。労働所得税と源泉地資本税が利用可能な場合には、どちらの税率も過小になり、地域数が増えるに従って資本税率はゼロに近づく。小地域にとっては資本供給の弾力性は無限大なのに対し、個人の労働とレジャーの代替可能性は有限なので、労働所得税のみの方が望ましくなるのである。一方、源泉地資本税と居住地資本税が利用可能な場合には、各政府は自地域のネットとグロス（粗）の収益率を経済全体の市場の収益率と独立に操作でき、資本

移動に伴う外部性は消失して効率解が実現される。

　ZMW モデル等では労働者は初めにいた地域から移動しないと仮定されているが、現実には人の移動は起こる。Wilson (1995) は、多数の同質な地域において、移動可能な資本と労働および移動しない土地を生産要素とするモデルを考えた。政府は土地と資本に同じ税率でかかる財産税と、自地域の労働者に課す人頭税で公共財供給（規模の経済性がある場合と無い場合を考える）の費用を賄う。公共財供給に規模の経済性が無ければ（政府供給の私的財ならば）人頭税（＝限界混雑費用）だけで公共財は賄われ、財産税はゼロとなる。規模の経済性があれば、財産税も必要となり、その歪みを相殺するために人頭税は限界混雑費用から乖離する。いずれの場合も公共財は効率的に供給される。人頭税を歪みのある労働所得税に置き換えた場合、公共財生産に規模の経済性があれば財産税は正であるが、財産税増による公共財供給が人口流入を通じて資本をも呼び込む場合、公共財は過剰供給される可能性もある。一方、Matsumoto (2000) は地方政府が公共財と、生産性を向上させる公共要素（インフラなど）への支出を資本税で賄うモデルを用いて、政府支出全体が過少になることを示している[6]。すなわち人口移動があっても、財産税を資本税に置き換えると効率性は成り立たない。

リバイアサン　これまでの研究は基本的に住民の厚生（満足度）の最大化を図る「慈悲深い」政府を仮定している。しかし、現実の政治家や役人は再選や権限の増大といった私的利益を追求し、それらに関わる無駄な支出により政府支出を過大にしてしまうという面も否定できない。そのような政府をリバイアサンと呼ぶ。Brennan and Buchanan (1980) は、税と公共支出が分権化されるほど政府全体の経済への介入は小さくなると述べている。すなわちリバイアサンを考慮すると、租税競争による税率引き下げ圧力は過大な政府支出を抑えるため、社会的に望ましい。Edwards and Keen (1996) は、租税

---

[6] ただし、人口移動を仮定しない Keen and Marchand (1997) で公共財供給は過少に、公共要素は過剰になるのと異なり、公共要素の供給が相対的に過少にもなりうる。CES 型生産関数を仮定すると、公共財と公共要素への支出配分は効率的になる。

競争モデルに住民と自分自身の厚生を考慮するような当局（政治家）を加えたモデルを用いて、地域間の租税協調（税率引き上げ）の効果を検討した。その結果、税の限界超過負担が当局の無駄な支出への限界性向を上回るときに、租税協調を行うことが望ましくなる。

垂直的外部性　都市間、あるいは国と国のように同じレベルの政府間の競争を水平的競争と呼ぶのに対して、国と地方のような異なるレベルの政府間の競争を垂直的競争、あるいは垂直的外部性があるという。重複する課税ベースに国と地方が課税している時、一方の増税に課税ベースが反応して他方の税収を減らすという負の垂直的外部性が生じうる。このため垂直的競争は水平的競争とは逆に、増税の誘因をもたらす。Keen (1998) は、国と地方が同じ財への消費課税で公共財の財源を賄い、課税ベースが移動しないため水平的な競争は生じないシンプルなモデルにおいて、双方の税率と公共財供給は過剰になることを示した[7]。Keen and Kotsogiannis (2002) は、国と地方が資本課税で公共財の財源を賄い、移動可能な資本をめぐって地方間で水平的な租税競争が行われているモデルで分析を行った。それによれば、垂直的外部性と水平的外部性のどちらの効果が上回るかは、資本需要と貯蓄供給の弾力性に依存する。Keen and Kotsogiannis (2004) は同じく国と地方が存在するモデルにおいて、地方間の租税競争が激しくなる（地方の数の増加で表される）と、2つの外部性のいずれが勝っているかにかかわらず社会厚生が低下することを示した。すなわち水平的外部性のみ考慮する Hoyt (1991) と異なり、垂直的外部性が勝って地方税率が過大な場合、競争の激化は税率をさらに高くするのである。Kotsogiannis (2010) は同様のモデルで、垂直的な外部性があっても中央集権解を国からの補助金を使って分権化できることを示した[8]。

---

[7] ただし、地方間の水平的競争や、国と地方のシュタッケルベルク競争などを考慮すると、国と地方の税率が過大になるとは限らないとしている。

[8] 水平的外部性のみがある場合については Bucovetsky and Smart (2006) で分析されている。

新経済地理 近年、空間的な広がりを考慮した経済分析を行うため、Dixit and Stiglitz (1977) の独占的競争モデルを基にした新経済地理と呼ばれる分野が発展してきた[9]。これを租税競争と組み合わせた研究として、Andersson and Forslid (2003) や Baldwin and Krugman (2004) などがある。彼らは2地域、2種類の労働者（移動可能な熟練労働者または企業家と、移動しない労働者）、2種類の生産物（独占的競争下の工業製品と完全競争下の農産物）と、各地域で2種類の労働者の所得に課税して公共財を供給する政府を仮定し、政府間の租税競争を分析した。新経済地理のモデルに見られる性質として、対称均衡（熟練労働者が2地域に均等に居住する）から核ー周辺パターン（熟練労働者が1地域に集中する）への崩壊的な移行などがあるが、それに加えて、貿易費用が低いことなどにより核ー周辺パターンとなっている場合では、熟練労働者が集積する地域（核）に課税可能なレントが発生する。そのため一定の税が熟練労働者にも課され、race to the bottom のような事態は生じない。

Baldwin and Krugman (2004) は核地域がリーダーとなる逐次手番のゲームを考えた。彼らのモデルでは、中程度の貿易費用の下で核地域への集積力が最も強くなるため、核地域の税率が周辺地域よりも高くなる。また核地域は周辺地域が熟練労働者を誘致して核になることをあきらめる程度に税率を下げ、周辺地域は自地域の条件のみ考えて最適な税率を設定しているため、租税協調は少なくとも1地域（間をとるような税率の場合は両方）の厚生を引き下げる。Andersson and Forslid (2003) は2種類の労働者に異なる税率を課せると仮定した。彼らのモデルでは集積が賃金を上昇させるため、対称均衡において熟練労働者への課税を相対的に重くすると均衡は核ー周辺パターンへと崩壊する。伝統的な租税競争モデルと異なり、それが2地域の協調的な増税であっても、均衡は不安定となる。

---

[9] Fujita, Krugman and Venables (1999)、Baldwin et al. (2003) 等を参照。

公共財の地域間スピルオーバー　伝統的な研究では、公共財の便益が地域の境界を越えてスピルオーバーする場合、各地域が公共財の水準を決定する時に他地域の便益を考慮しないために、最適な水準に比べて過少供給となる（したがって、その効果を内部化するには国が適切な補助金を出す）。Bjorvatn and Schjelderup (2002) は Warr (1983) 以降の公共財の自発的供給に関する研究を踏まえて、スピルオーバーが存在する場合の租税競争に及ぼす効果を分析した。それによると、自地域に資本を呼び込んでも、他地域では税収減により公共財供給が減少し、自地域へのスピルオーバーも減少する。地方政府はこれを意識して税率を決定するため、スピルオーバーは租税競争による歪みを減殺する。この効果はスピルオーバーの度合いが大きいほど強くなり、公共財の便益が他地域にも完全に及ぶ純粋公共財であれば、租税競争による歪みは相殺される（ただし、他地域の公共財へのフリー・ライダー＝ただ乗り行動により、公共財供給は過少となる）。Ogawa (2006) はさらに、スピルオーバーを内部化する国からの補助金に関する先行研究を踏まえ、スピルオーバーと租税競争がある場合の国の補助金政策を分析した。その結果、伝統的な研究とは異なり、上述のようにスピルオーバーが租税競争による歪みを減殺するため、スピルオーバーの度合いが高まっても補助率を引き上げるのが正しいとは限らない（資本の税率弾力性に依存する）ことが示された。

2.4　実証研究

　租税競争の理論的な研究は 1980 年代後半以降盛んに進められてきたが、実証研究は 1990 年代までは数が少なく、近年になって増加してきた。ここでは、まず租税競争の実証分析に関する基本的な手法を確認した上で、資本等をめぐる租税競争に関するいくつかの実証研究を整理しながら振り返る[10]。それらの研究はおおよそ、国同士あるいは州同士といった同じレベルの政府間での水平的関係、国と州あるいは都市といった異なるレベルの政府間の垂直的

---

[10] より広範な政府間関係の実証研究に関するサーベイは西川・林 (2006)、空間計量経済学については Anselin (2010) を参照。

関係、および両方とも扱っているものに分類できる。

　わが国に目を転じると、日本の地方自治体はかつては地方税法の規定により自由に税率を決定することはできなかったため、租税競争を行う余地は小さいと考えられてきた。しかし近年、税や補助金を使った自治体間での企業の誘致合戦がしばしば報道されるようになってきた。武田薬品工業の研究所をめぐる神奈川県と大阪府の競争（2006 年）、シャープの工場をめぐる大阪府・堺市と兵庫県・姫路市の競争（2007 年）などが例として挙げられる。地方税の減免や補助金が企業立地の決定的な要因とはいえないが、今後の地方分権の進展に応じて、こうした動きがさらに広がっていく可能性はある。日本のデータを用いた実証研究の重要性も増していくと考えられる。

2.4.1　基本的な手法

　租税や支出を通じた財政競争の理論・実証研究を整理した論文に Brueckner (2003) がある。同論文はこれらを「リソース・フロー」と「スピルオーバー」のモデルに大別している。リソース・フローとは、地方政府が資本や住民の移動可能性を前提にして戦略的に政策を決定するようなモデルで、資本をめぐる租税競争などがこれに当たる。スピルオーバーとは、他地域の政策変数が自地域の目的関数に直接入ってくるようなケースを扱うモデルで、社会資本などの公共サービスへの支出や汚染物質の排出規制などの政策が分析対象となる。Brueckner (2003) では政策に関する情報の流出に注目して「ヤードスティック競争」（住民＝有権者が自地域と他地域の政策を比較し、政治家は再選のため住民の目を意識して、他地域の政策の影響を受ける）をスピルオーバーに含めているが、この場合は公共支出の便益等が近隣地域に流出するわけではない。

　実証研究では地方政府の反応関数が推定される。リソース・フローとスピルオーバーでは基本部分で共通する手法が用いられるが、ここでは Brueckner (2003) に基づき、リソース・フローを念頭においてこれを概説する。

n 個の地域からなる経済において、地域 i の政府は自地域の政策変数の水準（例えば税率や福祉サービスへの支出）t^i を決定する。さらに、この地域に所在するリソース（例えば資本や住民）の量 b^i と、地域特性を表すベクトル X^i によって地域 i の厚生水準が決まるものとする。租税競争であれば、税率 t^i と課税ベース b^i により税収、したがって公共サービスの支出水準が決まる。このとき、地方政府の目的関数は次のように表される。

$$\tilde{V}^i = \tilde{V}(t^i, b^i; X^i)$$

リソースの水準 b^i は自地域の政策変数のみならず、地域特性や他地域の政策変数 t^{-i} との兼ね合いで決まる。これは次のように表される。

$$b^i = b(t^i, t^{-i}; X^i)$$

これを先程の $\tilde{V}$ に代入してやると、修正された目的関数 V が得られる。

$$V(t^i, t^{-i}; X^i) \equiv \tilde{V}(t^i, b(t^i, t^{-i}; X^i); X^i)$$

各地域は他地域の政策に応じて目的関数 V を最大化するように t^i を選択する。1 階の条件は $\partial V/\partial t^i = 0$ で、これを t^i について解くと、他地域の政策に対する反応関数

$$t^i = R(t^{-i}; X^i)$$

が得られる。線形性を仮定すると、推定式は以下のように表せる。

$$t^i = c + \beta \sum_{j=1}^{n} w^{ij} t^j + X^i \theta + u^i$$

ただし右辺は第 1 項から定数項、他地域の政策変数の加重平均（係数 β）、自地域の特性（係数 θ）、誤差項である。β は反応関数の傾きに相当し、w^{ij} は地域 $i-j$ 間のウェイトである。ウェイトとは地域間の「近さ」を規定する数値で、地域間の地理的な距離 d^{ij} で t^j をウェイト付け（加重）するならば

$$w^{ij} = \frac{1}{d^{ij}} / \sum_j \frac{1}{d^{ij}}$$

などとする（上記の例では $\sum_j w^{ij} = 1$ となるように基準化している。なお $w^{ii} = 0$ である）。ほかにも必要に応じて人口その他の近似性を基にしたウェイトをいくつか先見的に決めておき、それぞれについて推定を行う。地域間の戦略的な相互依存があれば、$\beta \neq 0$ のはずである。租税競争が行われていれば、地域同士は戦略的補完の関係にあり、$\beta > 0$（反応曲線の傾きが正）の結果が予想される。

なお $\beta > 0$ の場合は、地方政府が租税競争をしているのか、その他の理由で他地域の政策をミミッキング（模倣）しているのかは一概にはいえない[11]。人口規模等が近い地域を模倣している可能性が考えられれば、d^{ij} の代わりに人口等を入れたウェイトを使用する。中央政府による統制や、全地域に影響が及ぶ外的ショックにより相互依存が生じているように見える場合には、ウェイトの種類によらず、結果に大きな違いは生じないだろう。

地域間の相互依存の分析においては、上記の推定式から分かるように、政策の同時決定による内生性の問題を考慮する必要がある。また近隣の複数地域において、データから観測できない地理的要因等が政策変数に影響を及ぼすことによる、誤差項の空間的自己相関の問題も存在する。これらにより OLS ではなく、空間的自己相関を考慮した 2SLS（2段階最小二乗法）、ML（最尤法）その他の手法を用いる必要がある（詳細は Anselin (1988)、Brueckner (2003) 等を参照）。

2.4.2 これまでの研究

ここでは租税競争とそれに関連する実証研究をいくつか取り上げる。前述のように、この分野の研究は水平的関係、垂直的関係、およびその両方を含むものに分類できる。労働所得税や消費課税による競争は本書のテーマからは外れるが、参考のため併せて記しておく。概要を表2.1に示す。

---

[11] 「ミミッキング」の語は文献によって、単にヤードスティック競争と同義（またはその結果）としている場合や、ヤードスティック競争または租税（支出）競争の結果起こる現象と捉えている場合もある。

表 2.1: 租税競争等の実証研究

論文	地域・主体	税の種別	反応関数の傾きの符号 水平	反応関数の傾きの符号 垂直
Ladd (1992)	アメリカの郡	財ほか	正	—
Besley and Case (1995)	アメリカの州	所ほか	正	—
Heyndels and Vuchelen (1998)	ベルギーの自治体	地方所, 財	正	—
Brueckner and Saavedra (2001)	ボストン圏の自治体	財	正	—
Devereux, Lockwood and Redoano (2008)	OECD 21 カ国	法	正	—
大島・國崎・菅原 (2008)	大阪府の市町	固 (土地)	正	—
Gérard, Jayet and Paty (2010)	ベルギーの自治体	地方所, 財	正 (所)	—
Besley and Rosen (1998)	アメリカ, 連邦と州	タ, ガ	—	正
Goodspeed (2000, 2002)	OECD 13 カ国と地方	所	—	負
Buettner (2001)	ドイツ, 連邦と自治体	営業税	正	負
Hayashi and Boadway (2001)	カナダ, 連邦と州	州法	正	負
Esteller-Moré and Solé-Ollé (2001)	アメリカ, 連邦と州	所, 売	正 (所)	正
Esteller-Moré and Solé-Ollé (2002)	カナダ, 連邦と州	所	正	正
松田 (2004)	アメリカ, 連邦と州	州法	正	正
Brülhart and Jametti (2006)	スイス, 州と法等	所, 法等	正	正

財:財産税　所:所得税　法:法人税　固:固定資産税　タ:タバコ税　ガ:ガソリン税　売:売上税

主にヤードスティック競争を念頭に置いた水平的な関係に関する研究として次の3つを挙げる。Ladd (1992) はアメリカの郡 (county) 単位での実効税率（平均税率）のミミッキングを分析し、税負担全体と財産税ではミミッキングが行われている（反応関数の傾きが正）が、売上税や他の税では行われていないとしている。Besley and Case (1995) はアメリカの州間の税額の変化に対する反応を分析し、知事が再選可能な州では有意に正の反応を示しているため、ヤードスティック競争が行われているとしている。Heyndels and Vuchelen (1998) によるベルギーの自治体 (municipality) の所得税と財産税の名目税率（連邦税への付加分）を対象とした分析でも、共に反応関数の傾きが正との結果を得ている。同論文では、近隣の地域として隣接する自治体とその1つ先の自治体の税率を説明変数に使って、隣接する自治体の係数の方が高いことを示している。

Brueckner and Saavedra (2001) はボストン大都市圏の自治体間の租税競争を分析している。この地域では1981年に Proposition 2 $1/2$ と呼ばれる財産税を制限する制度が導入されたため、その前後での推定結果を比較している。それによると、制度の導入後は競争の程度は弱まるが、いずれにおいても租税競争を示唆する結果となっている。Devereux, Lockwood and Redoano (2008) は OECD 21カ国のデータを用いて、法人税の名目税率と実効限界税率の2つの手段について分析し、両方の手段において他国との間に相互依存が認められるとしている。また、特に名目税率については資本規制の少ない国同士で相互依存が認められるため、ヤードスティック競争等ではなく租税競争と見るのが妥当であること、名目税率低下の傾向が資本規制の緩和による租税競争の激化で説明できることを述べている。大島・國崎・菅原 (2008) は大阪府の42市町の固定資産税の土地評価額について分析している。住宅用地では市町間の相互依存は見られず、主に自地域の地価公示価格に基づいて評価額が決められているのに対して、商業用地などの非住宅用地では1994年の制度変更前後とも相互依存が見られた。よって市町間での土地評価額を用いた租税競争と考えられるとしている。Gérard, Jayet and Paty (2010) は

2.4 実証研究

ベルギーの自治体間の関係を名目個人所得税率と財産税率（連邦税への付加分）を用いて分析した。彼らは自治体が位置する地域（フランダース、ワロニア、ブリュッセル）とそれによる言語等の違いに注目し、同じ地域内のごく近隣の自治体間でのみ個人所得税の相互依存が見られることを示している。

Besley and Rosen (1998) で述べられているように、ある税に関する異なるレベルの政府間の垂直的な関係（垂直的競争）が戦略的補完か代替かは理論的には断定できず、実証上の問題となる。彼らの論文は、タバコとガソリンについてアメリカの連邦と州の税率（物価を考慮した従量税率）を分析し、州の反応関数の傾きが両財とも正（すなわち連邦の増税に州は増税で応じる）という結果を得ている。一方 Goodspeed (2000, 2002) は 13 の OECD 加盟国の国と地方の所得税の実効税率（平均税率）を分析し、反応関数の傾きが負になるとしている[12]。

水平的な関係と垂直的な関係の両方を分析したものでは、以下のような研究がある。Buettner (2001) はドイツの自治体の営業税（営業収益と資産に課税）の名目税率について分析し、水平的には反応関数の傾きは正で戦略的補完、垂直的（連邦に対する自治体）には傾きは負で、自治体の人口に対しては正（人口が多いほど税率は高くなる）の関係を見いだしている。また Hayashi and Boadway (2001) はカナダの州法人税の実効税率を取り上げ、概ね州間の水平的な反応は正、連邦に対する州の垂直的な反応は負との結果を得ている。ただし、オンタリオ以外の州とケベック（公用語はフランス語）との関係は弱く、人口・経済面で最大の州であるオンタリオは他の州や連邦に正の強い影響を及ぼしているが、逆の影響は有意には認められないとしている。

これらに対し、Esteller-Moré and Solé-Ollé (2001) はアメリカの連邦所得税（実効税率）に対する州の所得税（同）と所得税＋売上税の垂直的な反応を分析し、いずれも正で後者の方が大きく、よって州所得税と売上税は州当局にとって補完的なようだと述べている。他方、水平的には所得税のみで反

---

[12]Goodspeed (2000) は説明変数に貧困層の所得比率を、Goodspeed (2002) はさらに所得格差を用いて地方政府間に水平的な関係があるとしているが、前小節で述べたような他地域の税率を用いたものではない。

応関数の傾きが正となっている。Esteller-Moré and Solé-Ollé (2002) はカナダについて分析し、連邦および近隣州の実効所得税率に対して州の税率の反応が正であり、連邦から平衡交付金 (equalisation grant) を受けている州は受けていない州よりも税率を若干高くしており、したがって交付金が州間の租税競争を緩和するとしている。松田 (2004) はアメリカの連邦と州の名目法人税率を用いて分析している。その結果、連邦に対する州税率の反応関数の傾きは正で、水平的には隣接する州に対する反応は正、すなわち租税競争を行っているとしている。なお同論文は水平的な関係として、総生産が最大のカリフォルニア州からの影響も分析しており、符号は正であった。これらより、連邦とカリフォルニア州の税率引き下げが 1980 年代からの税率引き下げ競争につながったと考えられるとしている。Brülhart and Jametti (2006) はスイスの州と自治体の税率（個人や法人にかかる所得・資産の実効税率をまとめて指数化したもの）を用いて、同じ州内の自治体間および州に対する自治体の反応関数の傾きが正であることを示した。また彼らは前述の Keen と Kotsogiannis の理論モデルに基づき、自治体の人口が小さいほど税率が高くなることを明らかにし、したがって垂直的外部性が水平的外部性を上回っているとしている。

第 3 章　差別課税とは何か

3.1　差別課税とは

　前章までで見たように、国際的な資本移動の増加に従って、これを自国に誘致しようとする租税競争も激しくなっていった。そうした中で、類似した課税ベース（金融サービスその他の企業活動、ここでは単に資本と呼ぶことにする）でありながら、移動性の高い資本には税を軽くし、移動性の低い資本に重く課すような税制を採用する国々も出てきている。具体的な手法としては、製造業や金融業など外国資本の投資を増やしたい特定の産業の法人税率引き下げや、税額控除、一定期間の課税免除（タックス・ホリデー）などである。このように特定産業への投資、あるいは外国からの投資を優遇するような税制を差別課税 (tax discrimination あるいは preferential tax regimes) と呼ぶ。

　OECD や EU の欧州委員会は、こうした手法の中に「有害な」差別課税が含まれるとして批判してきた。第 1 章でも紹介した、1998 年に OECD が採択した「有害な租税競争」では、「有害な差別課税は貿易と投資のパターンを歪め、一国の税制だけでなく国際課税の体制全体への脅威にもなりうる」と述べ、差別課税を判別するためのキー・ファクターとして以下の要件を挙げている（表 3.1 に概要を示す）。

　① 当該課税ベースの実効税率がゼロまたは低い
　② 国内経済からの部分的または完全な隔離（リング・フェンシング）
　③ 法規定の運用に関する透明性の欠如
　④ 制度の受益者に関する当局間の情報交換の欠如

表 3.1: OECD による「有害な差別課税」のキー・ファクターと概要

①実効税率がゼロまたは低い	ゼロまたは低い実効税率は、法定税率がそうなっているか、課税ベースの定義の仕方によって生じる。有害な差別課税は、ゼロまたは低い実効税率と、②〜④の要素のうちの1つ以上との組み合わせによって特徴づけられる。
②リング・フェンシング	優遇措置が、それを提供する国の国内市場から部分的または完全に隔離されている場合がある。ホスト国がそのようなリング・フェンシングを必要としているということは、その差別課税が有害なスピルオーバー効果を生んでいる可能性を強く示唆している。 リング・フェンシングは、制度を運用する国の居住者が優遇措置を受けられない、優遇措置を受ける企業がその国の国内市場（フェンスの外）で営業することを禁じるといった形を取る。
③透明性の欠如	制度の運用に透明性が欠けていると、外国企業の母国で防衛手段を取ることが困難になる。透明性の欠如は法律や規制に関する有利な扱い、交渉可能な課税規定などを含む広範な概念である。
④情報交換の欠如	差別課税から利益を得ている納税者に関する実効的な情報交換の欠如は、その国が有害な租税競争を行っていることを強く示唆している。

OECD (1998) より。

上記②の隔離は、国内の納税者を優遇の対象から除外する、優遇を受ける外国企業の国内市場での営業を禁じるといった形を取る。隔離を行う国は自国からの税収をほとんど、またはまったく減らすことなく外国の課税ベースを侵食し、隔離されたフェンスの中の企業は費用を負担せずにホスト国の公共サービスを享受できる。③の不透明性は納税企業間の扱いの不公平を生み、④の情報交換の欠如により、他国の課税当局は適切に課税を執行できなくなる。「有害な」差別課税は上記の①に加えて、②から④のうち1つ以上の要件を満たすとしている[1]。

ヨーロッパでは第1章で述べたように、ECによる法人税制を共通化あるいは調和させようとする動きは、加盟各国の反対で否定されてきた。そこで、より緩やかな協調が模索され、EU発足後の1997年に、「企業課税に関する行動要綱」（Code of Conduct for Business Taxation、以下「行動要綱」）等からなる租税パッケージが採択された。「行動要綱」は税制が企業活動の立地に著しく影響するかどうかを判断するための以下の5つの基準を示している。

1. 優遇措置が非居住者のみに与えられているかどうか
2. 優遇措置が国内の課税ベースに影響しないよう国内市場から「隔離され(ring-fenced)」ているかどうか
3. 優遇措置が、それを提供する加盟国での実質的な経済活動が無くても与えられているかどうか
4. 多国籍企業グループ内の活動に関する利益決定の原則が、OECDで合意されたような国際的に受け入れられている原則から逸脱しているかどうか
5. 租税措置が透明性を欠いているかどうか

EU諸国の多くが何らかの外資優遇税制を導入していたが、EUは「行動要綱」に基づいて加盟国の税制見直しに着手する。ここでは特に、アメリカなどから多くの外資を誘致して高い経済成長を遂げていたアイルランドの法人

---

[1] OECD (1998) は他にも、二重課税の回避を口実にした過度な控除の提供といった基準も挙げている。

税制をめぐる、EU・欧州委員会の方針の変化とそれに対するアイルランドの対応に注目する。

3.2 アイルランドの挑戦

2008年のリーマン・ショックに象徴される世界金融危機を受けて、アイルランドの大手銀行各行は大きなダメージを受けた。政府は銀行への公的資本の投入や国有化で対応し、財政赤字は拡大した。2010年度にはGDP比の一般政府財政赤字は32%に達し、EUとIMF（国際通貨基金）に金融支援を求めざるを得なくなった。しかし、金融危機以前の同国経済の様相は危機以後とはまったく異なるものだった。

アイルランドは税率の引き下げもあって外資系企業の誘致に成功し、1990年代に経済は大きく成長した[2]。特に1995～2000年には実質GDP成長率は年率8.1～11.5%の間で推移し、その力強さからアイルランド経済は「ケルトの虎」と称された。法人税率は50%あった70年代から徐々に引き下げられる一方、1980年の財政法で製造業および関連するサービスには10%の軽減税率が導入された（当時の通常の税率は40%）。翌年以降の法律では魚の養殖、造船、コンピュータソフト、データ処理、食肉・魚加工、コンピュータ機器の修理、航空機やその部品の修理・保守、新聞広告業等の幅広い分野が軽減税率適用の対象に加えられた。

1987年にはアイルランド政府は欧州委員会に、ダブリンの国際金融サービスセンター (IFSC) とシャノン空港地区の特定の事業について10%の法人税率適用を申請し[3]、期限付きで認められた（1990年に期限は2000年末まで、翌年には2005年末まで延長された）。

しかし、前述の「行動要綱」が出された後の1990年代末頃になると、アイルランドに対してイギリス、ドイツ等の他のEU諸国から、税率引き上げ、

---

[2] Blue (2000)、太田 (2002) 等を参照。
[3] IFSCでは非アイルランド居住者向けの金融サービス等、シャノン空港地区では当初は一部事業、その後は製造業一般。

差別課税廃止を求める圧力が強まってきた。1998 年には欧州委員会は、IFSC とシャノン空港地区の優遇承認を取り消した。さらに同委員会は、差別課税についても加盟国間の競争を歪めるもので、EU の権限や役割を規定する EC 条約に抵触すると指摘した。

こうした中でアイルランドは欧州委員会と協議し、同年、すべての事業所得にかかる法人税率を 12.5 ％とし、2003 年から発効させると発表した[4]。IFSC とシャノン空港地区での優遇措置も 2005 年までの終了が決められた。なお、通常の法人税率はこのときの 32 ％から 1999 年に 28 ％、以後 2002 年まで毎年 24 ％、20 ％、16 ％と引き下げられることになった。この間の経緯や合意の意義をアイルランド最大の法律事務所 Matheson Ormsby Prentice (2007) は日本の投資家向け資料で以下のように述べている（原文ママ）。

> この 10 ％法人税率の好ましい性質には、有効性が問われるようになり（EU 法の視点から）、アイルランド政府と欧州委員会の間でさまざまな論議が行われ、最終的に 1998 年 7 月にある合意に達しました。その合意というのが、10 ％という低い法人税率を廃止し、欧州委員会の目から判断した効率のよい公的支援として、世界的に通用する 12.5 ％という法人税率が全ての取引の利益に適用されることになりました。欧州委員会および最近では OECD の懸念（危害を与える税競争に関する OECD 報告書 1998 および EU の課税に関する規範 1997、どちらも優遇的および差別的税政策に関する文献）が表明されたことにより、12.5 ％というどの国にも共通して通用する税率が導入され、現在および将来アイルランドで事業を行う納税者が確実に低税率での優遇を受けられるようになりました。

また同資料は、タックス・ヘイブンと比較したときのアイルランドの優位性として、EU や OECD の指定する有害な税競争の基準に違反していない低法

---

[4] 1998 年 5 月までにアイルランド政府が認めた外資の本国向け事業には、2010 年まで 10 ％税率を延長することが認められた。

人税環境、発達した物理的・人的インフラ、EU 加盟国としての利点などを挙げている。

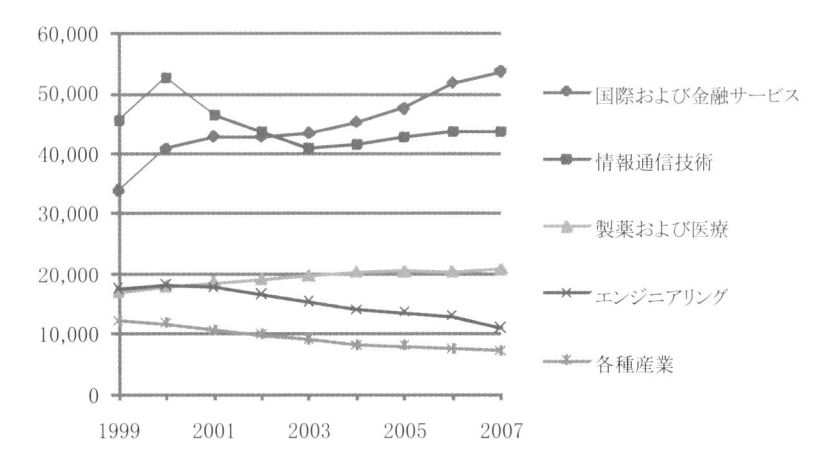

図 3.1: 外資系企業による産業別雇用者数の推移

IDA Annual Report (2003, 2007) より。
2008 年版から産業の分類方法が変わっているため、2003, 2007 年版を使用した。

上記の合意後もアイルランド経済は 2000 年まで高い成長を維持し、外資系企業による雇用も伸び続けて 14 万人を超えた。その後、いったん雇用はやや減少したが、リーマン・ショックから金融危機が起こる前の 2007 年まで 5 ％前後の実質成長率を維持した。

アイルランドで外資誘致を主導してきたのは、政府の産業開発庁（Industrial Development Agency, IDA）である。IDA Annual Report によると、外資系企業による産業別の雇用者数の推移は図 3.1 のようになっている。情報通信技術の分野では AOL、IBM、アップル、インテルなどが進出しているが、いわゆる IT バブルの崩壊後は大きく下げている。エンジニアリング等の分野も緩やかに低下している一方、近年はソフトウェアやコール・センターなどを含む国際および金融サービス業分野が大きく伸びてきたことが分かる。IDA が支援する外資系企業の投資額は、2005 年の 7.6 億ユーロから 2006 年は 26 億ユーロ、2007 年は 23 億ユーロと増加したが、2008 年には 15 億ユーロに減

少した。この間、これら企業からの税収は25〜30億ユーロで推移している。

表 3.2: 国別企業数および雇用者数

	企業数	社員数
アメリカ	464	93,987
ドイツ	103	10,119
イギリス	108	7,775
フランス	46	3,950
その他欧州	164	14,226
日本	28	2,641
その他アジア太平洋	15	371
その他世界	52	2,974
計	980	136,043

IDA Annual Report (2008) より。社員数はフルタイムの雇用者数。

また、国別のアイルランドへの進出企業数および雇用者数を表 3.2 に示す。企業数・雇用者数ともアメリカが他を圧倒しており、アイルランドにとってアメリカからの投資が非常に重要であったことが分かる。

法人税制をめぐるアイルランド政府と欧州委員会の調整は、前述のようにアイルランドが原則として差別課税を廃止する方向で決着したが、他方では一本化した税率は元々の軽減税率に近い 12.5 ％ となった。この税率に他国から不満の声も聞かれるが、単に税率が低いことをもって、それを引き上げさせる権限は EU にはない。税率を加盟国間で揃えることは政治的に難しい上、各国の経済・社会環境を考えればそれが望ましいともいえない。差別課税については、理論的な研究・議論が十分進まないうちに欧州委員会や OECD が「有害」であるとして、アイルランドは妥協を迫られる形になったが、元々の軽減税率に近い一般税率を採用したことが、アイルランドのみならず他の EU 諸国にとって良かったのかどうかは、本来は慎重な検討を要するテーマである。次章以降で差別課税を理論的に検討していく。

なお、アイルランドの非事業所得にかかる法人税率は 25 ％ であり、税率が完全に一本化されてはいない。このことや、課税ベースを各国が自由に定義

できることを問題視する意見もある。第1章で述べたように、EU内では加盟国間の税率の調和よりも課税ベースを揃えていくことに焦点が移ってきており、欧州委員会は共通統合法人課税ベースのワーキング・グループ (CCCTB WG) を設けて2004年から議論を続けている。なお、アイルランドは加盟各国の主権、歴史や社会経済的な条件の違いを理由に、課税ベースの共通化に反対している[5]。

---

[5] 例えば Department of Finance, Ireland (2007) 参照。

第4章　差別課税の理論と基本モデル

本章では、第1節で差別課税をめぐる理論的研究を簡潔に紹介し、第2節で Keen (2001) のモデルを基にした「基本モデル」を使って、税率の差別をしない均一課税と差別課税を比較する。この基本モデルは次章以降で検討する各モデルと比較するための基準となるものである。

4.1　差別課税をめぐる議論

前章で見たように、特にヨーロッパの実務家・公的機関の間では差別課税は有害であるとの見方が有力である。しかし、経済学者の間の議論は必ずしもそのようにはなっていない。

この問題に焦点を当てた最初の理論的な研究が Janeba and Peters (1999) である。彼らは2つの国 A, B と、2種類の課税ベース（以下、資本と呼ぶ）を仮定した。資本の供給は弾力的で、税収は税率に関して単峰型となる。また2種類の資本の一方は移動可能で、他方は移動不可能である。移動可能な資本に課す2国の税率を t_{Am}, t_{Bm} とすると、資本はすべて税率の低い方 $t_m = \min\{t_{Am}, t_{Bm}\}$ の国へ移動し、租税競争になれば均衡税率はゼロ（税収も）となる。移動不可能な資本に課す2国の税率を t_A, t_B で表す（均一課税の下では $t_i = t_{im}$、$i = A, B$ である）。これらの資本は逃げていく心配は無く、それぞれ税収を最大化する税率を課すことができる。いわば、この税収は保証されている。各国の税収を税率の関数で表し、これが2国間で異なるものとする。2国の移動不可能な資本と移動可能な資本からの税収を最大

化する税率をそれぞれ $t_j^o(j=A,B,m)$ で表す。

両国とも差別課税を採用する場合、移動可能な資本への税率はゼロになり、上記の保証された税収のみを得る。一方、両国とも均一課税の場合には、政府は移動不可能な資本からの税収が減ることを考慮しながら、移動可能な資本を呼び込むためにどこまで税率を下げられるかを考える。2種類の資本からのトータルの税収が保証された税収を下回るような税率は選べない。選択可能な最も低い税率を t_j^L、トータルの税収を最大にする税率を t_j^+ と呼ぶことにする（$t_A^L < t_B^L$ と仮定する）。すると、（純粋戦略）ナッシュ均衡の条件は $t_A^+ \leq t_B^L$ であり、A国が t_A^+、B国が t_B^o を選ぶこととなる。このとき移動可能な資本はすべてA国に流れ、B国は保証された税収を得る。A国の税収を均一最大化税収と呼ぶ。また、一方の国が均一課税、他方の国が差別課税の場合、例えばA国が均一課税、B国が差別課税であれば、ナッシュ均衡の条件は $t_m^o < t_A^L$ で、A国が t_A^o、B国が t_B^o と t_m^o を選ぶ（このときの税収を差別最大化税収と呼ぶ）ことである。

A国

		差別課税	均一課税
B国	差別課税	保証税収 / 保証税収	保証税収 / 差別最大化税収
	均一課税	差別最大化税収 / 保証税収	均一最大化税収 / 保証税収

図 4.1: 課税ルールと税収

2国が初めに自国の課税ルール（差別課税か均一課税）、次に税率を決定する2段階ゲーム（投資家の行動は間接的に税収関数に反映されている）を考えたとき、利得表は図 4.1 のようになる。「差別最大化税収」は課税ベースごとに税収を最大化する税率を決めているので、「均一最大化税収」よりも大きい。よってこのゲームのナッシュ均衡は（差別課税、差別課税）であり、2国の税収はそれぞれの保証された税収となる。しかしこのゲームはいわゆる囚

人のジレンマのようになっており、少なくとも1国が均一課税を選ぶ場合に比べて税収は少なくなってしまうのである。

これに対して、Keen (2001) は2つの同質な国と2種類の移動可能な資本（総量はそれぞれ一定）を仮定した。2種類の資本の一方をめぐって激しい租税競争が起きている（当該資本の税率弾力性が高い）とき、政府が2つの資本に別々の税率を課す（差別課税）ことができれば、激しい競争は当該資本の市場だけに封じ込めておくことができる。ところが税率を一本化しなければならない（均一課税）とすると、競争の激しくない資本にも低い税率を課さなければならず、税収は差別課税の場合に比べて少なくなってしまう。したがって差別課税の方が望ましいということを示したのである。シンプルなモデルで明確な、しかも「定説」と異なる結論を導いた Keen の論文は研究者たちに大きな影響を与え、差別課税をめぐる議論は活発化した。

上記の2つの論文は、一方が他方を一般化したモデルという関係にはなっておらず、どちらにより妥当性があるとはいえなかった。Janeba and Smart (2003) は両者のモデルを包含した論文といえる。彼らは2種類の資本に関する3つの弾力性、①1国単独での増税に関する弾力性 $\varepsilon_i^a(t)$ （$i = 1, 2$ は資本の種別で、資本1の方が弾力的とする）、②2国の協調増税に関する弾力性 $\varepsilon_i^b(t)$、③増税が相手国に及ぼすクロスの弾力性 $\varepsilon_i^c(t) \equiv \varepsilon_i^a(t) - \varepsilon_i^b(t)$ を定義した。そして Janeba and Peters (1999) のモデルを $\varepsilon_2^c(t) = 0$（片方の資本のみ移動不可能）の場合[1]、Keen (2001) モデルを $\varepsilon_i^b(t) = 0$、$i = 1, 2$（各資本の総量は一定）の場合という特殊ケースとして位置づけた。その上で、一定の条件の下では[2]、差別課税の均衡から税率の差をある程度縮めるような制約を設けると税収が増加することを示した。すなわち、単純な差別課税はベストではないというわけである。また、Haupt and Peters (2005) は投資家にホーム・バイアス（自国への投資をより好む傾向）がある場合、やはり差別課税に制約を設けた方が税収が増えることを示している。

[1] 均一税率が税収を最大にするには、ほかに $\varepsilon_1^b(t) = \varepsilon_2^b(t)$ などを要する。
[2] $\varepsilon_2^c / \varepsilon_1^c < \varepsilon_2^{a\prime} / \varepsilon_1^{a\prime}$ の場合。$\varepsilon_1^{a\prime} = \varepsilon_2^{a\prime}$ とすれば、$\varepsilon_1^c > \varepsilon_2^c$ すなわち低い税率を課される資本の方がより可動性が高い場合。あるいは、Keen (2001) の仮定を緩めて $\varepsilon_i^b \neq 0$ すなわち協調減税が資本供給を増やし、2種類の資本の移動性が十分に高い場合も同様。

一方、Keen (2001) の「同質の 2 国」という仮定を緩めた研究も行われてきた。Bucovetsky and Haufler (2007) は Keen のモデルをベースに人口が異なる 2 国（大国と小国）という設定に変更して同様の分析を行い、その場合でも Keen (2001) の結論が成り立つ、すなわち差別課税の方が望ましいことを示している[3]（第 5 章参照）。これに対して Oshima (2009) は 2 国で生産技術が異なる場合を分析し、均一課税の方が望ましい場合もあること、さらに人口も異なる場合は差別課税から均一課税にルールが変わったときに大国が得をし、小国が損する場合もありうることを示した（第 6 章参照）。この延長として Oshima (2011) は、2 国で課税ルールが異なる場合から両国とも均一課税のルールに移行した時の効果を数値計算を用いて検討している（第 9 章参照）。Marceau 他 (2007) は Keen (2001) とは異なるモデルで非対称な 2 国を分析した。彼らのモデルでは移動可能な資本（マネー）と固定された資本（投資済みの工場設備など物的資本）があり、固定された資本の量が 2 国で異なる。生産の段階では、2 種類の資本は完全な代替物（同じもの）となる。このモデルでは均一課税の方がより大きな税収をあげる。

Oshima (2010a) は、特定の資本の集積が外部経済の形で規模の経済性を生み出す（集積の経済が働いている）場合の差別課税を分析している。その結果、外部経済を生み出す資本の比率が経済全体の中で高まってくると、Keen (2001) が主張する差別課税のメリットがさらに大きくなることを示している（第 7 章参照）。Gaigné and Wooton (2011) は対称な 2 国と移動可能な企業（資本）と不可能な企業からなる経済において、まず 2 国がそれぞれ課税ルールを、次に税率を決定し、企業が立地を決める 3 段階ゲームを考え、均衡を分析した。その結果、貿易費用が高い、あるいは移動可能な企業の割合が高い場合、企業立地の税率弾力性は低くなるため、両国とも均一課税が望ましい（かつナッシュ）均衡となる。市場統合などで貿易費用が下がると、差別課税が望ましい（かつナッシュ）均衡になる。

最後に、Oshima (2010b) は先行研究が採用してきた 2 種類の資本という

---

[3] また 1 人当たり税収は小国の方が多くなる。これは Bucovetsky (1991) や Wilson (1991) の、小国の方が住民の厚生が高くなるという結論に対応している。

仮定をやめて、資本の需要側の弾力性とそれに応じた政府の税政策に注目し、単一の資本が2国の2つの産業に配分・投資されるモデルを考えた。その結果、資本の総量の増減やホーム・バイアスを仮定しなくても、Keen (2001) と異なり、均一課税の方が望ましい場合があることを示した（第8章参照）。2種類の移動可能な資本をどのように解釈するかについて、Keen (2001) は以下の3つを挙げている。

① 2種類の資本はそれぞれ一方の国の住民の貯蓄であり、よって差別課税は外国資本優遇に相当する
② 一方が可動性の高い金融資本で、他方がより可動性の低い直接投資である
③ それぞれが特定産業向けの異なるタイプの資本である

しかし、いずれにしても資本市場が別々という仮定は必ずしも現実的ではない。①を実行するために前章で述べたリング・フェンシングのような手段が用いられるが、2つの資本を実際に隔離することはできないかも知れない[4]。上記の単一資本のモデルはこうした問題意識に基づいている。

以上のように、理論研究はどのような場合に差別課税の方が望ましいのか、差別課税に一定の制約を設けた方が望ましいのか、あるいは均一課税の方が望ましいのか、それらの条件を示してきた。現実の特定の国々（あるいは地域）においてどのルールが望ましいかを判断するには、実証研究やそれに基づくシミュレーション分析等が必要となるだろう。

4.2 基本モデル

本節では、本書の後半を通じて比較の基準となるモデルを考える。Keen (2001) は生産技術等について詳しく述べてはいるが、生産関数等を明示的に示してはおらず、課税ベースを2国の税率の差の関数 $b(t^* - t)$、$b^*(t - t^*)$ の

---

[4] また Bucovetsky and Haufler (2007) の脚注 4 にあるように、資本の区別が所有者の居住地だけならば、政府は一方がより弾力的であると認識することはできない。そのため同論文は主に③の解釈を採っている。

ように定義して分析している（ただし b は課税ベース、t は税率、「*」付きは他国の変数、それ以外は自国の変数）。ここでは Keen (2001) の基本的な論点は変えずに、その後のモデルとの比較を容易にするため、明示的に生産関数等を定義して分析する。

同質の2国（第1国、第2国）からなる経済を考える。2種類の資本 k と K があり、それぞれ産業 f と F で用いられるとする。資本は国と国の間を移動可能だが、産業間では移動できない（資本 k を産業 F では利用できない。これは前節の解釈③に基づいている。図 4.2 参照）。2種類の資本の総量がそれぞれ $\bar{k}$、$\bar{K}$ で一定だとすると、資本市場の需給均衡式は以下のようになる。

$$k^1 + k^2 = \bar{k} \tag{4.1}$$

$$K^1 + K^2 = \bar{K} \tag{4.2}$$

ただし k^i, K^i はそれぞれ i 国の資本量を表している。

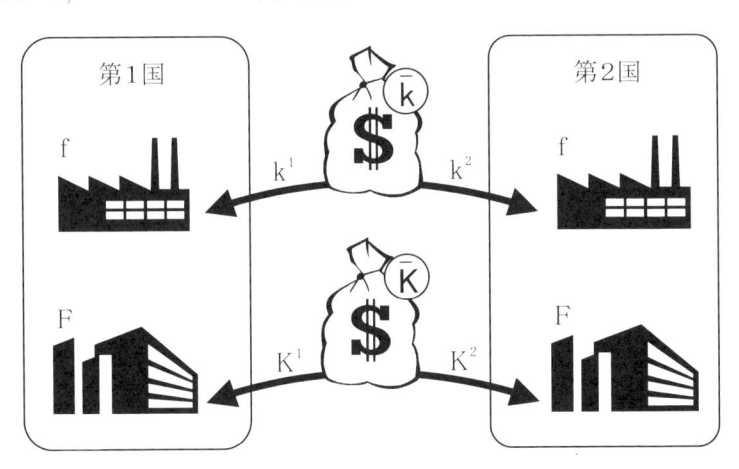

図 4.2: 基本モデル

第 i 国の代表的企業（あるいは産業）f^i と F^i はそれぞれ労働力 $\bar{l}$ と $\bar{L}$ を雇用し、資本 k^i と K^i を用いて生産を行う。各産業で働く労働者の数は一定

で、国や産業をまたいで移動することはないものとする。以下のような一次同次の生産関数を考えよう。

$$f^i = f(k^i, \bar{l}) \equiv f(k^i), \qquad F^i = F(K^i, \bar{L}) \equiv F(K^i)$$

Keen (2001) と同様、一方の資本（例えば k）への課税が、他方の資本（この場合 K）がどこに投資されるかに影響を与えず、政府の税収は 2 種類の資本への課税のみによるものと仮定する。

4.2.1　差別課税

政府は資本 k^i と K^i にそれぞれ税率 t^i と T^i の従量税を課す。したがって企業の利益は

$$\pi^{fi} = f^i - (r + t^i)k^i - w^i \bar{l}$$
$$\pi^{Fi} = F^i - (R + T^i)K^i - W^i \bar{L}$$

となる。ただし w^i と W^i は賃金率、r と R はそれぞれ資本 k と K からの税引き後リターンである。企業の利潤最大化より以下が得られる。

$$f'(k^i) = r + t^i \tag{4.3}$$
$$F'(K^i) = R + T^i \tag{4.4}$$

これらをそれぞれ k^i と K^i について解いて、以下のように表す。

$$k^i = k^i(r + t^i), \quad K^i = K^i(R + T^i) \tag{4.5}$$

(4.5) を (4.1) と (4.2) に代入して r と R について解き、以下のように表す。

$$r = r(t^1, t^2), \quad R = R(T^1, T^2)$$

差別課税の先行研究と同様、政府は税収の最大化を図るものとする[5]。すると政府の最大化問題は以下のように表せる。

$$\max_{t^i, T^i} Rev^{P,i} = t^i k^i + T^i K^i$$

ただし上付き文字 P は差別課税 (Preferential) を表す。(4.5) を考慮すると、この問題の 1 階の条件は次のようになる。

$$t^i : k^i + t^i k^{i\prime}(1 + r_{ti}) = 0 \tag{4.6}$$

$$T^i : K^i + T^i K^{i\prime}(1 + R_{Ti}) = 0 \tag{4.7}$$

ただし $k^{i\prime} \equiv \partial k^i / \partial (r + t^i)$、$r_{ti} \equiv \partial r / \partial t_i$ などとする。(4.6) と (4.7) より税率は以下のように表せる。

$$t^i = -\frac{k^i}{k^{i\prime}(1 + r_{ti})}, \quad T^i = -\frac{K^i}{K^{i\prime}(1 + R_{Ti})} \tag{4.8}$$

均衡は (4.1) – (4.4) と (4.8) で決定される。

4.2.2 均一課税

もし両国が「有害な」租税競争をもたらす差別課税を放棄し、課税上の等しい扱い、すなわち均一課税を導入すると、2 種類の資本に同じ税率 τ^i を課さなければならない。よって利潤最大化条件は以下のようになる。

$$f'(k^i) = r + \tau^i \tag{4.9}$$

$$F'(K^i) = R + \tau^i \tag{4.10}$$

これらを資本について解いて、

$$k^i = k^i(r + \tau^i), \quad K^i = K^i(R + \tau^i) \tag{4.11}$$

---

[5] Keen (2001) は政府が税収以外に自国への投資がもたらす正の外部性を考慮する場合も検討し、税収最大化と結論は変わらないとしている。Janeba and Smart (2003) は政府の目標が効用最大化であった場合も、結果は同様になることを示している。

(4.11) を (4.1) と (4.2) に代入し、r と R について解くと以下のように表せる。

$$r = r(\tau^1, \tau^2), \quad R = R(\tau^1, \tau^2)$$

政府の税収最大化問題は以下のとおり。

$$\max_{\tau^i} Rev^{NP,i} = \tau^i(k^i + K^i)$$

ただし上付き文字 NP は均一課税 (Non-Preferential) を表す。これを解いて以下の条件を得る。

$$\tau^i = -\frac{k^i + K^i}{k^{i\prime}(1+r_{\tau i}) + K^{i\prime}(1+R_{\tau i})} \tag{4.12}$$

均衡は (4.1)、(4.2)、(4.9)、(4.10)、(4.12) によって決定される。

2 国は同質なので、対称均衡にのみ注目する。すなわち差別課税でも均一課税でも、2 国間の資本の配分は同じである（両国に $\bar{k}/2$、$\bar{K}/2$ が投資される）。加えて、(4.1)、(4.2)、(4.5)、(4.11) より以下が得られる。

$$r_{ti} = r_{\tau i} \quad \left(= -\frac{k^{i\prime}}{k^{1\prime} + k^{2\prime}}\right) \tag{4.13}$$

$$R_{Ti} = R_{\tau i} \quad \left(= -\frac{K^{i\prime}}{K^{1\prime} + K^{2\prime}}\right) \tag{4.14}$$

したがって差別課税における税収 $Rev^P(=Rev^{P,1}=Rev^{P,2})$ と均一課税における税収 $Rev^{NP}(=Rev^{NP,1}=Rev^{NP,2})$ の差は、(4.13)、(4.14) を用いて以下のように表せる。

$$\begin{aligned}Rev^P - Rev^{NP} &= t^i k^i + T^i K^i - \tau^i(k^i + K^i) \\ &= -\frac{(k^i)^2}{k^{i\prime}(1+r_{ti})} - \frac{(K^i)^2}{K^{i\prime}(1+R_{Ti})} + \frac{(k^i+K^i)^2}{k^{i\prime}(1+r_{ti}) + K^{i\prime}(1+R_{Ti})} \\ &= -\frac{[k^{i\prime}K^i(1+r_{ti}) - k^i K^{i\prime}(1+R_{Ti})]^2}{k^{i\prime}K^{i\prime}(1+r_{ti})(1+R_{Ti})[k^{i\prime}(1+r_{ti}) + K^{i\prime}(1+R_{Ti})]}\end{aligned}$$

r_{ti}、R_{Ti} とも -1 から 0 の間の値を取るので、右辺の分母は負であり、よって $Rev^P - Rev^{NP} \geq 0$ である。すなわち、差別課税における税収は均一課税

の税収以上になる。Keen (2001) で述べられているように、差別課税では租税競争の範囲が限られている（一方の資本をめぐって激しい租税競争になっても、税率を別々に決められるため、それが他方の資本に及ばない）ために均一課税の場合よりも高い税収をあげることができるのである。

第5章 非対称地域1 人口

　前章で検討した基本モデルでは、2国の人口や生産技術が同じであるという単純化された経済を仮定していた。本章と次章では、2国が同質であるという仮定を緩め、非対称な2国を考える。本章の5.1節ではBucovetsky and Haufler (2007) を基に、生産関数が2次関数で表され、人口に差がある2国間の競争を分析する。5.2節では、生産関数をコブ・ダグラス型に変えたときの前節との違いを検討する。

5.1　2次生産関数モデル

　Keen (2001) の「差別課税の方が望ましい」という強烈な結論は、2国が同質でない場合でも成り立つのだろうか。Bucovetsky and Haufler (2007) は、生産技術が等しく人口が異なる2つの国を仮定して、この問題を分析した。なお、彼らは問題を解析的に解けるように、生産関数を資本に関する2次式で表している。したがって限界生産性は線形となる。以下、彼らのモデルを検討する。

　第1国と第2国の2つの国からなる経済を考える。全人口（＝労働力）に占めるi国の人口の比率をs^iで表し、第1国の人口は第2国以下であるとする。すなわち、$s^1 \leq 0.5 \leq s^2$、$s^1 + s^2 = 1$である。国際間の移動性が異なる2種類の資本kとhがあり、それぞれ産業fとgに投資される。これらの資本の総量は一定とする。各産業では資本と労働を組み合わせて生産を行う。労働は国や産業を越えて移動することはなく、各国の各産業で固定的に供給される。各産業の労働者数に占めるi国の労働者のシェアは、産業f、g

とも s^i とする。

以下では国の間で人口が異なるモデルを分析するのに都合のよい1人当たりの変数を用いることにする。i 国に投資される1人当たりの資本を k^i、h^i で表す。すると資本市場の需給均衡より以下が成り立つ。

$$s^1 k^1 + s^2 k^2 = \bar{k}, \qquad s^1 h^1 + s^2 h^2 = \bar{h} \tag{5.1}$$

ただし $\bar{k}$ と $\bar{h}$ は1人当たりの資本供給量である。生産関数は以下の2次式

$$f^i = a^k k^i - b^k (k^i)^2 / 2, \qquad g^i = a^h h^i - b^h (h^i)^2 / 2$$

で表される。生産関数は産業間で異なるが、同じ産業では2国で同じであるとする。これより限界生産性は

$$f_k^i = a^k - b^k k^i, \qquad g_h^i = a^h - b^h h^i \tag{5.2}$$

である。また一般性を失うことなく、課税が無い場合に

$$a^k - b^k k^i = a^h - b^h h^i \tag{5.3}$$

とする。

5.1.1 差別課税

k^i に課す従量税の税率を t^i、h^i に課す税率を T^i とすると、税引き後の裁定条件より

$$f_k^1 - t^1 = f_k^2 - t^2, \qquad g_h^1 - T^1 = g_h^2 - T^2$$

よって (5.2) より

$$t^2 - t^1 = b^k (k^1 - k^2) \tag{5.4}$$
$$T^2 - T^1 = b^h (h^1 - h^2) \tag{5.5}$$

これらに (5.1) を用いて整理すると、2 国の税率の関数としての 1 人当たりの資本を得る。

$$k^i = \frac{1-s^i}{b^k}(t^j - t^i) + \bar{k} \tag{5.6}$$

$$h^i = \frac{1-s^i}{b^h}(T^j - T^i) + \bar{h} \tag{5.7}$$

ただし $j \in \{1,2\}$ かつ $i \neq j$ である。

政府は以下の税収 Rev^{iP} の最大化問題を解く。ただし上付き文字 P は Preferential（差別課税）を表す。

$$\max_{t^i,T^i} Rev^{iP} = t^i k^i + T^i h^i.$$

(5.6)、(5.7) および $s^1 + s^2 = 1$ を用いて、以下の解を得る。

$$t^{i*} = \frac{b^k \bar{k}(1+s^i)}{3s^1 s^2} \tag{5.8}$$

$$T^{i*} = \frac{b^h \bar{h}(1+s^i)}{3s^1 s^2} \tag{5.9}$$

$$k^{i*} = \left[1 + \frac{(s^j - s^i)(1-s^i)}{3s^1 s^2}\right]\bar{k} \tag{5.10}$$

$$h^{i*} = \left[1 + \frac{(s^j - s^i)(1-s^i)}{3s^1 s^2}\right]\bar{h} \tag{5.11}$$

(5.8)、(5.9) より、人口の少ない小国（第 1 国）の方が低い税率を課すことが分かる。(5.8) – (5.11) を目的関数 Rev^{iP} に代入して、1 人当たり税収が求められる。

$$Rev^{iP*} = \frac{(1+s^i)^2}{9(s^i)^2 s^j}(b^k \bar{k}^2 + b^h \bar{h}^2)$$

このとき $s^1 \leq s^2$ より $Rev^{1P*} - Rev^{2P*} \geq 0$ で、小国の方が 1 人当たり税収は大きくなる。これは Bucovetsky (1991) と Wilson (1991) の、小国の方が厚生水準が高いという結論に対応している。

5.1.2 均一課税

次に、両国政府は 2 種類の資本に同じ税率を設定しなければならない場合を考える。すなわち差別課税は禁止されていて、各国は 2 つの課税ベースに課す単一の税率 τ^i をそれぞれ決定する。このとき政府の税収最大化問題は次のようになる。

$$\max_{\tau^i} Rev^{iNP} = \tau^i(k^i + h^i)$$

ただし上付き文字 NP は Non-Preferential（均一課税）を表す。資本量は (5.6)、(5.7) で与えられる（ただし税率は τ^i、τ^j）。この税収最大化問題を解いて以下が得られる。

$$\tau^{i*} = \frac{b^k b^h (\bar{k} + \bar{h})(1 + s^i)}{3s^1 s^2 (b^k + b^h)} \tag{5.12}$$

(5.6)、(5.7)、(5.12) を目的関数に代入して、

$$Rev^{iNP*} = \frac{b^k b^h (\bar{k} + \bar{h})^2 (1 + s^i)^2}{9(s^i)^2 s^j (b^k + b^h)}$$

このとき $Rev^{1NP*} - Rev^{2NP*} > 0$ で、やはり小国の方が 1 人当たり税収は多くなる。

では、差別課税から均一課税ルールに移行したとき、両国の税収は増えるのだろうか、減るのだろうか。それぞれの解における税収の差を求めると、

$$Rev^{iP*} - Rev^{iNP*} = \frac{(1 + s^i)^2}{9(s^i)^2 s^j} \Omega \geq 0 \tag{5.13}$$

ただし $\Omega \equiv (b^k \bar{k} - b^h \bar{h})^2 / (b^k + b^h) \geq 0$ である。(5.13) の右辺は非負である。すなわち、$b^k \bar{k} = b^h \bar{h}$（2 つの資本の移動性が同じである）場合のみ、どちらのルールでも税収は同じとなり、その他の場合では均一課税ルールへの移行によって両国とも税収が減少する。Keen (2001) の結論は人口の異なる 2 国においても成り立つのである。

5.2 コブ・ダグラス型生産関数モデル

2次の生産関数、線形の限界生産性という仮定は、問題を解析的に解くために置かれたものだが、もしかすると前節の結論はこの仮定に依存しているかも知れない。そこで、まず一般型のモデルを整理した上で、コブ・ダグラス型の生産関数を使って数値計算を行い、結論が変わらないかを確認する。

5.2.1 一般型モデル

税引き後の裁定条件を改めて一般的な形で以下のように書き直す。

$$f_k^1 - t^1 = f_k^2 - t^2 \tag{5.14}$$

$$g_h^1 - T^1 = g_h^2 - T^2 \tag{5.15}$$

(5.1) を (5.14) と (5.15) に代入して微分、整理すると以下の式が得られる。

$$\frac{dk^i}{dt^i} = \frac{s^j}{s^j f_{kk}^i + s^i f_{kk}^j}$$

$$\frac{dh^i}{dT^i} = \frac{s^j}{s^j g_{hh}^i + s^i g_{hh}^j}$$

よって、差別課税の下で政府が税収 $Rev^{iP} = t^i k^i + T^i h^i$ の最大化問題を解くと、以下の条件が得られる。

$$k^i + \frac{s^j}{s^j f_{kk}^i + s^i f_{kk}^j} t^i = 0 \tag{5.16}$$

$$h^i + \frac{s^j}{s^j g_{hh}^i + s^i g_{hh}^j} T^i = 0 \tag{5.17}$$

同様に、均一課税の下で税収 $Rev^{iNP} = \tau^i(k^i + h^i)$ の最大化問題を解くと、以下の条件が得られる。

$$k^i + h^i + \left(\frac{s^j}{s^j f_{kk}^i + s^i f_{kk}^j} + \frac{s^j}{s^j g_{hh}^i + s^i g_{hh}^j}\right)\tau^i = 0 \tag{5.18}$$

5.2.2 数値計算

ここで、コブ・ダグラス型の生産関数を用いて均衡を計算することにしよう。1人当たりの生産関数を以下のように置く。

$$f^1 = 1.2(k^1)^{0.3}, \qquad f^2 = 1.2(k^2)^{0.3}$$
$$g^1 = (h^1)^{0.3}, \qquad g^2 = (h^2)^{0.3}$$

すなわち、生産関数 f の方が生産性が高いものとする。さらに $s^1 = 0.2$、$s^2 = 0.8$、$\bar{k} = \bar{h} = 5$ とする。これらに基づいて均衡を数値計算で求めた結果を表 5.1 に示す。なお「均一課税」においては、$t^i = T^i = \tau^i$、$i = 1, 2$ である。表より、コブ・ダグラス型生産関数を用いた場合でも、差別課税の方が均一課税よりも大きな1人当たり税収をあげていることが分かる。2国の生産技術が等しいという条件の下でパラメータを変えても、上記の結論は変わらなかった。

表 5.1: コブ・ダグラス型生産関数による均衡

	k^1	h^1	t^1	T^1	Rev^1
差別課税	9.65	9.65	0.11	0.09	2.01
均一課税	9.14	10.18	0.10	0.10	2.00

	k^2	h^2	t^2	T^2	Rev^2
差別課税	3.84	3.84	0.18	0.15	1.27
均一課税	3.96	3.71	0.16	0.16	1.26

さらに念のため、Bucovetsky and Haufler (2007) が用いている2次生産関数の場合の均衡も計算してみよう。このために以下のような生産関数を仮定する。

$$f^1 = 0.2k^1 - 0.0045(k^1)^2, \quad f^2 = 0.2k^2 - 0.0045(k^2)^2$$
$$g^1 = 0.2h^1 - 0.0035(h^1)^2, \quad g^2 = 0.2h^2 - 0.0035(h^2)^2$$

パラメータは、税収がコブ・ダグラス型のときと同程度になるように設定している。均衡を表5.2に示す。表より、5.1節の結論のとおり、差別課税における税収の方が均一課税の税収よりも多いことが確認できる[1]。

表 5.2: 2次生産関数による均衡

	k^1	h^1	t^1	T^1	Rev^1
差別課税	10.00	10.00	0.11	0.09	2.00
均一課税	9.38	10.63	0.10	0.10	1.97

	k^2	h^2	t^2	T^2	Rev^2
差別課税	3.75	3.75	0.17	0.13	1.13
均一課税	3.91	3.59	0.15	0.15	1.11

以上より、2次の生産関数でもコブ・ダグラス型でも、Bucovetsky and Haufler (2007) の結論は変わらないと考えられる。本章の議論は、生産技術が2国間で等しいという前提に基づいている。しかし現実には、地理的要因その他の理由から、2国あるいは2地域間で生産技術は必ずしも等しくないだろう。次章では、そのような場合に結論がどのように変わるのか検討する。

---

[1] 差別課税の下で $t^i > T^i$、すなわち資本 h にかかる税率よりも k にかかる税率の方が高くなっているが、前章と同様に2種類の資本は市場も別々になっていることに注意されたい。第8章の単一資本モデルにおける計算結果も参照。

第6章 非対称地域2 生産性

　Bucovetsky and Haufler (2007) の結論は、Keen (2001) の主張を人口が非対称な2国というより一般的なケースに拡張したものといえるが、2つの国に人口ではなく生産性に差がある場合はどうだろうか。さらに、人口も異なる場合や、限界生産性が線形でない場合は？　本章では Oshima (2009) を基に、これらについて分析する。

6.1　2次生産関数モデル

　まずは Bucovetsky and Haufler (2007) 同様、2次の生産関数によるモデルを考える。また、i 国に投資される1人当たりの資本を k^i, h^i で表す。2国の人口は等しいものとする。このとき前章と同様に、i 国の人口のシェア（および各産業における i 国の労働者のシェア）を s^i で表すと、$s^1 = s^2 = 1/2$ であり、資本市場の需給均衡条件は (5.1) を書き直して以下のようになる。

$$\frac{1}{2}(k^1 + k^2) = \bar{k}, \qquad \frac{1}{2}(h^1 + h^2) = \bar{h} \tag{6.1}$$

Bucovetsyky and Haufler (2007) を少し変形して、以下のような生産関数を考える。

$$f^i = a^{ik}k^i - b^k(k^i)^2/2, \qquad g^i = a^h h^i - b^h(h^i)^2/2$$

したがって限界生産性は

$$f_k^i = a^{ik} - b^k k^i, \qquad g_h^i = a^h - b^h h^i \tag{6.2}$$

となる。すなわち、パラメータ a^h、b^k、b^h は 2 国間で等しいが、a^k は異なる。ここでは $a^{1k} > a^{2k}$ つまり f^1 の方が f^2 よりも生産性が高いとしよう。

資本市場の裁定条件は以下のとおり。

$$f_k^1 - t^1 = f_k^2 - t^2, \qquad g_h^1 - T^1 = g_h^2 - T^2$$

これらに (6.2) 式を用いて以下を得る。

$$t^2 - t^1 = b^k(k^1 - k^2) + a^{2k} - a^{1k} \tag{6.3}$$

$$T^2 - T^1 = b^h(h^1 - h^2) \tag{6.4}$$

(6.1) を (6.3)、(6.4) に代入して、税率の関数としての 1 人当たりの資本量を得る。

$$k^i = \frac{1}{2b^k}(t^j - t^i + a^{ik} - a^{jk}) + \bar{k} \tag{6.5}$$

$$h^i = \frac{1}{2b^h}(T^j - T^i) + \bar{h} \tag{6.6}$$

6.1.1 差別課税

差別課税のルールの下では、政府は以下の目的関数（＝税収）の最大化問題に直面する。

$$\max_{t^i, T^i} Rev^{iP} = t^i k^i + T^i h^i$$

これを解いて、均衡税率、資本量を得る。

$$t^{i*} = 2b^k \bar{k} + \frac{a^{ik} - a^{jk}}{3} \tag{6.7}$$

$$T^{i*} = 2b^h \bar{h} \tag{6.8}$$

$$k^{i*} = \bar{k} + \frac{a^{ik} - a^{jk}}{6b^k} \tag{6.9}$$

$$h^{i*} = \bar{h} \tag{6.10}$$

このとき 2 国の税収は以下のように表せる。

$$Rev^{iP*} = 2b^h \bar{h}^2 + \frac{(a^{ik} - a^{jk} + 6b^k \bar{k})^2}{18b^k}$$

6.1.2 均一課税

一方、均一課税のルールの下では、政府の税収最大化問題は次のようになる。

$$\max_{\tau^i} Rev^{iNP} = \tau^i(k^i + h^i)$$

これを解いて均衡税率、資本量を得る。

$$\tau^{i*} = \frac{b^h[a^{ik} - a^{jk} + 6b^k(\bar{k} + \bar{h})]}{3(b^k + b^h)} \tag{6.11}$$

$$k^{i*} = \frac{(a^{ik} - a^{jk})(3b^k + b^h)}{6b^k(b^k + b^h)} + \bar{k} \tag{6.12}$$

$$h^{i*} = \frac{a^{jk} - a^{ik}}{3(b^k + b^h)} + \bar{h}. \tag{6.13}$$

よって税収は以下のとおり。

$$Rev^{iNP*} = \frac{b^h[a^{ik} - a^{jk} + 6b^k(\bar{k} + \bar{h})]^2}{18b^k(b^k + b^h)}$$

差別課税における税収から均一課税における税収を引いて、どちらの税収が多いか確認する。

$$Rev^{iP*} - Rev^{iNP*} = \frac{(a^{ik} - a^{jk} + 6b^k\bar{k} - 6b^h\bar{h})^2}{18(b^k + b^h)} \geq 0$$

すなわち、差別課税における税収は、均一課税における税収以上となることが分かる[1]。人口ではなく生産技術が異なる場合でも、Bucovetsky and Haufler (2007) と同じ結論が得られた。

6.2 コブ・ダグラス型生産関数モデル

本章でも、結論が 2 次の生産関数に依存していないかを確認するため、まずはモデルを一般型で表した上で数値計算を行う。

---

[1] パラメータ b^k が 2 国間で異なる（例えば $b^{1k} < b^{2k}$）としても、結果は変わらなかった。

6.2.1 一般型モデル

資本の需給均衡条件と裁定条件は以下のように表せる。

$$s^1 k^1 + s^2 k^2 = \bar{k}, \qquad s^1 h^1 + s^2 h^2 = \bar{h} \tag{6.14}$$

$$f_k^1 - t^1 = f_k^2 - t^2 \tag{6.15}$$

$$g_h^1 - T^1 = g_h^2 - T^2 \tag{6.16}$$

(6.14) を (6.15) と (6.16) に代入して微分すると、以下が得られる。

$$\frac{dk^i}{dt^i} = \frac{s^j}{s^j f_{kk}^i + s^i f_{kk}^j}$$

$$\frac{dh^i}{dT^i} = \frac{s^j}{s^j g_{hh}^i + s^i g_{hh}^j}$$

これらを用いて、差別課税の下で政府が税収最大化問題を解くと、以下の条件が得られる。

$$k^i + \frac{s^j}{s^j f_{kk}^i + s^i f_{kk}^j} t^i = 0 \tag{6.17}$$

$$h^i + \frac{s^j}{s^j g_{hh}^i + s^i g_{hh}^j} T^i = 0 \tag{6.18}$$

同様に、均一課税の下では以下の条件が得られる。

$$k^i + h^i + \left(\frac{s^j}{s^j f_{kk}^i + s^i f_{kk}^j} + \frac{s^j}{s^j g_{hh}^i + s^i g_{hh}^j}\right)\tau^i = 0 \tag{6.19}$$

6.2.2 数値計算

次にコブ・ダグラス型の生産関数を用いて均衡を計算する。1 人当たりの生産関数を以下のように置く。

$$f^1 = 1.5(k^1)^{0.3}, \quad f^2 = (k^2)^{0.3}$$

$$g^1 = (h^1)^{0.3}, \qquad g^2 = (h^2)^{0.3} \tag{6.20}$$

表 6.1: コブ・ダグラス型生産関数による均衡

	k^1	h^1	t^1	T^1	Rev^1
差別課税	5.48	5.00	0.18	0.14	1.69
均一課税	6.00	4.47	0.16	0.16	1.70

	k^2	h^2	t^2	T^2	Rev^2
差別課税	4.52	5.00	0.15	0.14	1.37
均一課税	4.00	5.53	0.15	0.15	1.41

さらに $s^1 = s^2 = 1/2$ で $\bar{k} = \bar{h} = 5$ とする。均衡を数値計算した結果を表 6.1 に示す。「均一課税」の行では、$t^i = T^i = \tau^i$、$i = 1, 2$ である。表より Keen (2001) や Bucovetsky and Haufler (2007) の結論と異なり、均一課税の方が差別課税よりも大きな 1 人当たり税収をあげていることが分かる。

表 6.1 の結果を 2 次生産関数の場合と比較してみよう。生産関数を以下のように設定する。

$$f^1 = 0.3k^1 - 0.008(k^1)^2, \quad f^2 = 0.2k^2 - 0.008(k^2)^2$$
$$g^1 = 0.2h^1 - 0.008(h^1)^2, \quad g^2 = 0.2h^2 - 0.008(h^2)^2$$

パラメータは税収がコブ・ダグラス型のときと同程度になるようにしてある。均衡を表 6.2 に示す。6.1 節の結論のとおり、差別課税における税収の方が多いことが分かる。このことは、2 国の技術的な非対称性を考える場合には、たとえ解析的に問題を解けるとしても、2 次の生産関数（線形の限界生産性）を用いることは適切ではないかも知れないことを示唆している。

6.3 人口・生産技術とも非対称な場合

第 5 章で人口が 2 国間で非対称なケース、第 6 章の前節までで生産技術が非対称なケースをそれぞれ見てきたが、ここでは人口も生産技術も非対称なケースを検討する。(6.20) の非対称なコブ・ダグラス型生産関数と、非対称

表 6.2: 2 次生産関数による均衡

	k^1	h^1	t^1	T^1	Rev^1
差別課税	6.04	5.00	0.19	0.16	1.97
均一課税	7.08	3.96	0.18	0.18	1.95

	k^2	h^2	t^2	T^2	Rev^2
差別課税	3.96	5.00	0.13	0.16	1.30
均一課税	2.92	6.04	0.14	0.14	1.28

な人口を仮定してみよう。人口配分は $s^1 = 0.1$、$s^2 = 0.9$ すなわち第 1 国は第 2 国に比べてかなり人口が少ないとする。表 6.3 に均衡を示す。表より、2 国が差別課税から均一課税ルールに移行した場合、人口の多い大国（第 2 国）が得をして、小国（第 1 国）が損をすることが分かる。

表 6.3: 生産関数・人口とも非対称、コブ・ダグラス型

	k^1	h^1	t^1	T^1	Rev^1
差別課税	18.39	16.18	0.09	0.07	2.81
均一課税	19.52	15.14	0.08	0.08	2.80

	k^2	h^2	t^2	T^2	Rev^2
差別課税	3.51	3.76	0.16	0.15	1.10
均一課税	3.39	3.87	0.15	0.15	1.11

この話をそのまま EU 内の大国（例えばドイツ、フランス）と小国アイルランドの関係に当てはめることはできないが、アイルランドのような小国が均一課税に移行して損を蒙り、大国が得をするということは起こるかも知れない。上記の結果はパラメータに依存しており、いつでも起こるわけではないが[2]、差別課税から均一課税といったルールの変更は、ある国には利益を、別の国には損失をもたらす可能性を示している。

---

[2] 例えば第 1 国が小国のままで生産関数を $f^1 = (k^1)^{0.3}$、$f^2 = 1.5(k^2)^{0.3}$ と置くと、両国とも均一課税における税収の方が多くなる。

表 6.4: 生産関数・人口とも非対称、2次生産関数

	k^1	h^1	t^1	T^1	Rev^1
差別課税	24.33	18.33	0.08	0.06	3.09
均一課税	30.33	12.33	0.07	0.07	3.03

	k^2	h^2	t^2	T^2	Rev^2
差別課税	2.85	3.52	0.09	0.11	0.62
均一課税	2.19	4.19	0.10	0.10	0.61

表6.3の結果を2次生産関数の場合と比較してみよう。税収が同程度になるように生産関数を以下のように設定する。

$$f^1 = 0.18k^1 - 0.015(k^1)^2, \quad f^2 = 0.12k^2 - 0.015(k^2)^2$$
$$g^1 = 0.12h^1 - 0.015(h^1)^2, \quad g^2 = 0.12h^2 - 0.015(h^2)^2$$

均衡を表6.4に示す。課税ルールが差別課税から均一課税に変わると、両国とも税収が減って損失を蒙ることが分かる。すなわち、Keen-Bucovetsky-Hauflerの結論に沿った結果になっている。本章では生産技術が2国で異なり、二次関数ではなくコブ・ダグラス型という生産関数を使った場合、先行研究と異なる結果が生じうることが示された。

第7章　集積の経済

　都市の成り立ちのような空間的な経済、あるいは経済地理に関わる問題を考えるとき、経済活動のある地点や地域への集中をもたらす集積の経済は、しばしば重要な論点となる。経済モデルでは、集積の経済は一次同次の生産関数に外部効果（特定の生産要素の関数とする）を掛けて表されたり、Dixit and Stiglitz (1977) の独占的競争の応用モデル（この分野は「新経済地理」等と呼ばれる）として表されている。

　上記の2つの手法を導入した租税競争の研究もそれぞれ行われている。前者の例としては、Garcia-Mila and McGuire (2001) に基づいた Fernandez (2005) で、集積の経済により租税競争がもたらす公共財の過少供給という非効率がさらに悪化することが示されている。後者の「新経済地理」モデルの例としては Andersson and Forslid (2003) や Baldwin and Krugman (2004) がある（第2章参照）。

　本章は Oshima (2010a) を基に、基本モデルをベースとして上記の前者の手法で集積の経済（あるいは規模の経済性）を導入し、差別課税と均一課税の関係がどのように変化するかを検討する。そのような場合の例としては、研究開発 (R&D) 活動が他の経済活動に対して正の外部性を生み、そのために政府が研究開発分野に税制上の優遇策を講じるようなケースが考えられる[1]。前者の Garcia-Mila and McGuire (2001) タイプの手法を用いるのは、先行研究との親和性が高く、比較が容易だからである。

　以下では、一方が集積の経済（正の外部性）を生み、他方が生まない2種

---

[1] 地理的な特性から研究開発分野に厚く助成した神奈川県の例などが挙げられる。松沢 (2006) などを参照。

類の資本を考え、差別課税と均一課税における税収を比較する。さらに、集積の経済を生む資本の割合が高まる時（あるいは低下する時）、結果にどのように影響するのか分析する。

7.1 モデル

Garcia-Mila and McGuire (2001) に従い、同質な多数の小国からなる経済を考える。自由に移動可能な2種類の資本 K と H がある。各国には2つの部門（産業）があり、その生産物を $\tilde{F}, \tilde{G}$ で表す。両部門はそれぞれ資本 K と H、労働 L^K と L^H を投入して生産を行う。各労働者は非弾力的に1単位の労働を供給し、国際間・部門間で移動することはない（L^K と L^H は各国内で固定的である）。国を示す番号は省略して、生産関数は以下のように表される。

$$\tilde{F} = F(K, L^K)E\left(\frac{H}{L^H}\right) \tag{7.1}$$

$$\tilde{G} = G(H, L^H)E\left(\frac{H}{L^H}\right) \tag{7.2}$$

関数 $E(H/L^H)$ は集積をもたらす外部経済を表しており、$E' > 0$ を満たす。資本 H だけが外部経済を生むものとする。正の外部性なので、以下では $E > 1$ が常に満たされるとする。関数 F と G は一次同次として、(7.1) と (7.2) は次のように書き直せる。

$$\tilde{f} = f(k)E(h) \tag{7.3}$$

$$\tilde{g} = g(h)E(h) \tag{7.4}$$

ただし $k \equiv K/L^K$ と $h \equiv H/L^H$ は1人当たりの資本である。$f_k > 0$、$f_{kk} < 0$、$g_h > 0$、$g_{hh} < 0$ が満たされるとする。

企業は、外部経済 $E(h)$ を所与として k と h の水準を決定する。2種類の資本の経済全体における総量は一定であり、1人当たり資本の平均値は $\bar{k}$ と $\bar{h}$ である。

各国政府は資本 k と h に従量税 t^k と t^h を課す。税引き後の収益率は k と h それぞれの資本市場で決定される。それらを r^k と r^h で表すと、企業の利潤最大化行動より以下の条件を得る。

$$f_k E = r^k + t^k \tag{7.5}$$

$$g_h E = r^h + t^h \tag{7.6}$$

r^k と r^h は各国政府にとって所与である。(7.5) と (7.6) を t^k と t^h についてそれぞれ微分し、整理すると以下が得られる。

$$\frac{dk}{dt^k} = \frac{1}{f_{kk}E} \tag{7.7}$$

$$\frac{dh}{dt^h} = \frac{1}{g_{hh}E + g_h E_h} \tag{7.8}$$

政府はこれらを考慮に入れて税率を決定する。

7.1.1 差別課税

差別課税の下では、政府は税率 t^k、t^h を決定する。政府にとっては $E(h)$ は所与ではなく、政府は外部経済は資本 h の水準に依存することを知っている。これを踏まえて政府は以下の最大化問題を解く。ただし Rev^P は差別課税の下での税収である。

$$\max_{t^k, t^h} Rev^P = t^k k + t^h h$$

(7.7)、(7.8) を用いて、次の一階の条件を得る。

$$t^k : k + \frac{t^k}{f_{kk}E} = 0$$

$$t^h : h + \frac{t^h}{g_{hh}E + g_h E_h} = 0$$

したがって税率は次のように表せる。

$$t^k = -k f_{kk} E \tag{7.9}$$

$$t^h = -h(g_{hh}E + g_h E_h) \tag{7.10}$$

税収は (7.9)、(7.10) を $Rev^P = t^k k + t^h h$ に代入して得られる。(7.10) 右辺カッコ内の第 2 項 $g_h E_h$ は集積の経済が無ければ現れない。これは $-h$ を掛けてやることで、外部経済に対応するための税率の減少分を表す。政府には資本 h に掛ける税率を集積の経済が無い場合に比べて低くして、自国に呼び込むインセンティブがあるのである。各国は同質なので対称均衡にのみ注目し、均衡資本水準は $k = \bar{k}$、$h = \bar{h}$ である。

7.1.2 均一課税

均一課税の下では政府は 2 種類の資本に別々の税率を決めることができず、単一の税率 t を決定する。税収を Rev^{NP} で表すと、政府の最大化問題は以下のようになる。

$$\max_t Rev^{NP} = t(k+h)$$

これを解いて、以下の条件を得る。

$$k + \frac{t}{f_{kk}E} + h + \frac{t}{g_{hh}E + g_h E_h} = 0$$

したがって税率は次のように表せる。

$$t = -\frac{f_{kk}E(g_{hh}E + g_h E_h)}{f_{kk}E + g_{hh}E + g_h E_h}(k+h) \tag{7.11}$$

税収は (7.11) を $Rev^{NP} = t(k+h)$ に代入して得ることができる。

7.1.3 税収の差

差別課税と均一課税の税収はどちらが大きいだろうか。税収の差額を Δ で表すと、

$$\Delta = Rev^P - Rev^{NP}$$
$$= -k^2 f_{kk}E - h^2(g_{hh}E + g_h E_h) + (k+h)^2 \frac{f_{kk}E(g_{hh}E + g_h E_h)}{f_{kk}E + g_{hh}E + g_h E_h}$$
$$= \frac{-k^2(f_{kk}E)^2 - h^2(g_{hh}E + g_h E_h)^2 + 2kh f_{kk}E(g_{hh}E + g_h E_h)}{f_{kk}E + g_{hh}E + g_h E_h}$$
$$= -\frac{[kf_{kk}E - h(g_{hh}E + g_h E_h)]^2}{f_{kk}E + g_{hh}E + g_h E_h} \tag{7.12}$$

前述の (7.8) 右辺の分母 $g_{hh}E + g_h E_h$ は、資本 h の利用が税込み金利の減少関数である限り負である。したがって (7.12) 右辺の分母も負であり、$\Delta \geq 0$ である。すなわち、右辺の分子がゼロで差別課税と均一課税の税収が等しくなる特殊な場合を除いて[2]、差別課税の方が税収は大きくなる。

7.2　集積の経済の影響

前節の結果は Keen (2001) の結論と整合的なものだったが、集積の経済の程度、言いかえれば外部経済の大きさは、差別課税と均一課税の税収の差にどのように影響するのだろうか。外部経済がある方が、税収の差 Δ は大きくなるのだろうか。これを検討するため、まず集積の経済が存在しないモデルを考え、7.1 節の結果と比較してみよう。

外部経済を表す E を外生的な定数 $\bar{E}$ に置き換える。すると生産関数は以下のように表せる。

$$\tilde{f} = f(k)\bar{E} \tag{7.13}$$
$$\tilde{g} = g(h)\bar{E} \tag{7.14}$$

---

[2](7.12) 右辺の分子がゼロ、すなわち $kf_{kk}E = h(g_{hh}E + g_h E_h)$、あるいは (7.9)、(7.10) より $t^k = t^h$ となる場合に、税収は等しくなる。

差別課税（政府は税率 t^k、t^h を決定する）の下で、企業の利潤最大化より以下が得られる。

$$f_k \bar{E} = r^k + t^k \tag{7.15}$$

$$g_h \bar{E} = r^h + t^h \tag{7.16}$$

これらをそれぞれ t^k と t^h で微分して整理すると、

$$\frac{dk}{dt^k} = \frac{1}{f_{kk}\bar{E}} \tag{7.17}$$

$$\frac{dh}{dt^h} = \frac{1}{g_{hh}\bar{E}} \tag{7.18}$$

これらを用いて政府の税収 $Rev^P = t^k k + t^h h$ の最大化問題を解くと、以下の条件を得る。

$$t^k : k + \frac{t^k}{f_{kk}\bar{E}} = 0$$

$$t^h : h + \frac{t^h}{g_{hh}\bar{E}} = 0$$

よって税率は以下のように表せる。

$$t^k = -k f_{kk} \bar{E} \tag{7.19}$$

$$t^h = -h g_{hh} \bar{E} \tag{7.20}$$

同様に、均一課税（単一の税率 t しか決められない）の下では、政府の税収 $Rev^{NP} = t(k+h)$ の最大化問題を解いて以下を得る。

$$k + \frac{t}{f_{kk}\bar{E}} + h + \frac{t}{g_{hh}\bar{E}} = 0$$

よって税率は以下のように表せる。

$$t = -\frac{f_{kk} g_{hh} \bar{E}}{f_{kk} + g_{hh}}(k+h) \tag{7.21}$$

(7.19)、(7.20) を $Rev^P = t^k k + t^h h$ に、(7.21) を $Rev^{NP} = t(k+h)$ に代入して整理すると、差別課税と均一課税における税収の差額 Δ は以下のように

7.2 集積の経済の影響 73

なる。

$$\Delta = Rev^P - Rev^{NP} = -\frac{(kf_{kk} - hg_{hh})^2}{f_{kk} + g_{hh}}\bar{E} \geq 0 \tag{7.22}$$

やはり $t^k = t^h$ で税収が等しくなる場合を除いて、差別課税における税収の方が大きい。

以下では、上付き文字「A」のついた変数は集積 (Agglomeration) の経済がある場合の変数を表すことにする。もし Δ^A が Δ よりも大きければ、集積の経済がある場合には無い場合に比べて差別課税（言い換えれば特定資本への優遇措置）がより重要になるということになる。

Δ^A から Δ を引いて $\bar{E} = E$ を代入し、$(f_{kk}E + g_{hh}E + g_h E_h)(f_{kk}E + g_{hh}E) > 0$ を掛けてやると、以下が得られる。

$$(\Delta^A - \Delta)(f_{kk}E + g_{hh}E + g_h E_h)(f_{kk}E + g_{hh}E)$$
$$= [-(kf_{kk}E)^2 + 2kf_{kk}Eh(g_{hh}E + g_h E_h)$$
$$\quad - h^2(g_{hh}E + g_h E_h)^2](f_{kk}E + g_{hh}E)$$
$$\quad + [(kf_{kk}E)^2 - 2kf_{kk}Ehg_{hh}E + (hg_{hh}E)^2](f_{kk}E + g_{hh}E + g_h E_h)$$
$$= g_h E_h E^2(kf_{kk} - hg_{hh})^2$$
$$\quad + hEg_h E_h(f_{kk} + g_{hh})[2E(kf_{kk} - hg_{hh}) - hg_h E_h]$$

右辺の第1項は非負である。第2項 [ ] の中身 $\Phi \equiv 2E(kf_{kk} - hg_{hh}) - hg_h E_h$ が負であれば、右辺全体は正であり、$\Delta^A - \Delta > 0$ が満たされる。

$\Phi < 0$ は以下のように書き直せる。

$$kf_{kk}E + kf_{kk}E < hg_{hh}E + hg_{hh}E + hg_h E_h \tag{7.23}$$

(7.9), (7.10), (7.19), (7.20) を代入して、(7.23) は次のように書くこともで

$$t^k + t^{kA} > t^h + t^{hA} \tag{7.24}$$

(7.23) は不等号の両辺とも負である。他の条件を所与としたとき、k に対して h が十分に大きければ右辺の絶対値は左辺に比べて小さくなり、不等号は成り立つ。

$\Delta^A - \Delta > 0$ を満たす一例として、$f(k) = ak^b$、$g(h) = ah^b$、$a > 0$、$b \in (0,1)$ で、均衡における k と h の水準が等しい場合が考えられる。この場合、企業にとっての2種類の資本の限界生産性は等しいが、h は生産全体に正の外部性を与えている。すると $kf_{kk} - hg_{hh} = 0$ であり、(7.12) と (7.22) より $\Delta^A > \Delta = 0$ となる。(7.12) 右辺の中の外部経済を表す項 $g_h E_h$ がこの差をもたらしているのである。

しかし h が k に対して十分小さければ、(7.23) の右辺の絶対値は大きくなり、$\Phi > 0$、さらには $\Delta^A < \Delta$ となる。このとき (7.10) と (7.20) より t^h と t^{hA} は十分高くなり、(7.24) の不等号は逆転する。このことは、上記の $\Delta^A > \Delta = 0$ のケースにおいて、パラメータ a、b や k、h の値を決め、k、h の値を変えて Δ、Δ^A を計算することで確認できる。

2種類の資本の大小と、異なる課税ルールの下での税収の差の関係に基づいて、現実の経済との関連でどのようなことがいえるだろうか。k が伝統的な製造業向けの資本、h が外部経済を生み出すハイテクあるいは研究開発志向の産業向けの資本だとしよう。もし経済のハイテク化があまり進んでおらず、h に対して k が十分に大きければ、外部経済が差別課税と均一課税の税収差 Δ^A にもたらす効果は相殺され、Δ^A が Δ よりも小さいということも起こりうる。その場合は、差別課税のメリットは当初の想定よりも小さくなるかも知れない。

しかし、経済・社会の情報化・ハイテク化が進むに従って、上記のようなハ

---

[3] 資本 k や h の税率に関する弾力性を ϵ^k、ϵ^{kA}、ϵ^h、ϵ^{hA} で表すと、$\epsilon^k \equiv -(dk/k)/(dt^k/t^k)$ 等と書け、これを (7.17) 等を (7.23) に用いると (7.24) の各項は分母にそれぞれの弾力性がつくはずだが、差別課税の下で税収 $t^k k + t^h h$ の最大化問題を解いているため、弾力性は1に等しい。

イテク産業向けの資本 h の比率は高まると考えられる。そうであれば、Δ^A は Δ よりも大きくなり、差別課税のメリットもより大きくなっていくだろう。これにより、Keen (2001) のモデルに基づくなら、各国政府が差別課税を実施するインセンティブが高まっていくことも考えられる。

第8章　単一の資本と差別課税

　ここまでの議論は、2種類の資本は代替性のない別物であるという前提に立っている。そのため資本市場も別々である。仮にこれらの資本を資本 A、B と呼ぶことにする。資本の総量を一定とすれば、これは $\sum_i A^i = \bar{A}$, $\sum_i B^i = \bar{B}$ と表せる（A^i, B^i はそれぞれ第 i 国に投資される資本量）。しかし、この資本が別々という仮定は現実的だろうか。2種類の資本が別物であることをどう解釈するかについては、第4章で述べたように、①（2国経済モデルにおいて）資本 A は A 国の住民の、資本 B は B 国の住民の貯蓄であり、よって差別課税は外国資本優遇に相当する、②一方が移動性の高い金融資本で、他方がより移動性の低い直接投資である、③それぞれが特定産業向けの異なるタイプの資本である、といった解釈が挙げられる。

　しかし①の解釈には、資本の区別が所有者の居住地だけならば、政府は一方がより弾力的であると認識することはできないという問題がある (Bucovetsky and Haufler, 2007)。また2つの資本に代替性が無く、資本市場が別々というのも極端な仮定というべきであろう。資本をお金、マネーと考えた場合にはなおさらである。実際、投資家は特定の産業にしか投資できないということはなく、保有する資本のどれだけをどの国のどの産業に投資するか決定できる。課税対象が投資済みの物的資本だとしても、それらはどこの国からきたものであれ、元々は同じ資本（マネー）である[1]。

　それでも、生産技術の違いによって、資本需要の税率弾力性は産業によって違ってくる。したがって、政府は特定の産業に低い税率を課すインセンティ

---

[1] 一方、新規の投資のみ優遇するようなケースを考えるには、資本が別々と仮定したモデルが適しているといえるだろう。

ブを持つ。すなわち差別課税と同様の問題が生じるのである。

本章では Oshima (2010b) に基づき、第 4 章の基本モデルの仮定に 1 点だけ変更を加える。すなわち、先行研究が仮定してきた「2 種類の資本は別々で、それぞれ決まった産業に投資される（前述の解釈③の場合）」という仮定を「資本は 1 種類しかなく、それが各国の各産業に投資される」と変更する。これは $\sum_i A^i + \sum_i B^i = \bar{C}$ と表せる。資本は別々という先行研究の極端な仮定に対して、資本は 1 種類のみという、もう一方の極端な仮定を採用するのである。

以下、8.1 節では、この「単一資本」の仮定の下では Keen (2001) の結論が必ずしも成り立たなくなることを示す。8.2 節では数値計算の結果を用いて、どのような場合に差別課税の方が税収が多くなるのか、あるいは少なくなるのかを検討する。

8.1 単一資本モデル

第 4 章の基本モデルを基に、資本は 1 種類しかなく、それが産業 f と産業 F に投資されるものとする。これらの産業に投資された資本をそれぞれ k、K で表す。資本の総量を $\bar{C}$ とすると、資本市場の需給均衡条件は以下の式で表される。

$$k^1 + k^2 + K^1 + K^2 = \bar{C} \tag{8.1}$$

すなわち、$\bar{C}$ がマネーであるのに対して、それがいったん投資されると物理的な資本 k、K となるのである（図 8.1 参照）。例えば f が製造業であれば、k は工場設備といった具合である。以下、第 4 章の基本モデルと同様に、差別課税と均一課税における均衡を分析する。

8.1 単一資本モデル 79

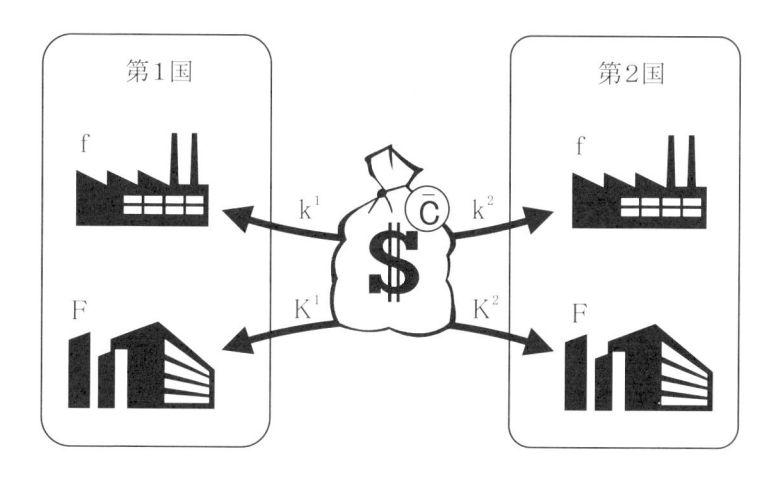

図 8.1: 単一資本モデル

8.1.1 差別課税

利潤最大化より、以下の条件を得る。

$$f'(k^i) = \hat{r} + t^i \tag{8.2}$$

$$F'(K^i) = \hat{r} + T^i \tag{8.3}$$

ただし $\hat{r}$ は資本 k と K 共通の税引き後のリターンである。(8.2)、(8.3) を解いて、以下の資本の需要関数を得る。

$$k^i = k^i(\hat{r} + t^i), \quad K^i = K^i(\hat{r} + T^i)$$

これらを (8.1) に代入し整理すると以下が得られる。

$$\hat{r} = \hat{r}(t^1, t^2, T^1, T^2)$$

政府は、以下の税収最大化問題を解く。

$$\max_{t^i, T^i} Rev^{P,i} = t^i k^i + T^i K^i$$

一階の条件は次のとおり。

$$t^i : k^i + t^i k^{i\prime}(1 + \hat{r}_{ti}) + T^i K^{i\prime} \hat{r}_{ti} = 0 \tag{8.4}$$

$$T^i : K^i + T^i K^{i\prime}(1 + \hat{r}_{Ti}) + t^i k^{i\prime} \hat{r}_{Ti} = 0 \tag{8.5}$$

これより税率は以下のように表せる。

$$t^i = -\frac{k^i(1 + \hat{r}_{Ti}) - K^i \hat{r}_{ti}}{k^{i\prime}(1 + \hat{r}_{ti} + \hat{r}_{Ti})}, \quad T^i = -\frac{K^i(1 + \hat{r}_{ti}) - k^i \hat{r}_{Ti}}{K^{i\prime}(1 + \hat{r}_{ti} + \hat{r}_{Ti})} \tag{8.6}$$

均衡は (8.1)–(8.3)、(8.6) により決定される。

(8.4)、(8.5) の第 3 項は基本モデルの (4.6)、(4.7) には無い項で、産業間のディストーション（歪み）を表す。このため、単一資本モデルでは k^i への課税は K^i の水準に影響し、したがって均衡では K^j の水準に影響する。すなわち、生産技術が基本モデルと同じでも、k への課税は K の立地に影響する（逆も成り立つ）のである。上記で求められる解は、差別課税ルールの下で最大の税収をあげるが、ディストーションを考慮すると、税収がより多い解が他にあるかも知れない。

8.1.2 均一課税

均一課税の下では、政府は税率 τ^i のみ決定できる。利潤最大化より以下を得る。

$$f'(k^i) = \hat{r} + \tau^i \tag{8.7}$$

$$F'(K^i) = \hat{r} + \tau^i \tag{8.8}$$

前小節と同様、これらより資本需要関数と税引き後リターンを得る。

$$k^i = k^i(\hat{r} + \tau^i), \quad K^i = K^i(\hat{r} + \tau^i)$$
$$\hat{r} = \hat{r}(\tau^1, \tau^2)$$

政府の税収最大化問題は、以下のとおり。

$$\max_{\tau^i} Rev^{NP,i} = \tau^i(k^i + K^i)$$

これを解いて、税率は以下のように求まる。

$$\tau^i = -\frac{k^i + K^i}{(k^{i\prime} + K^{i\prime})(1+\hat{r}_{\tau i})} \tag{8.9}$$

均衡は (8.1)、(8.7)–(8.9) により決定される。

これで税収を比較すればよいのだが、残念ながら基本モデルのように単純に Rev^P から Rev^{NP} を引いて差額を求めることはできない。なぜなら、2種類の資本が別々で、均衡ではそれぞれの総量の半分が1国に投資される基本モデルとは異なり、k^i と K^i の水準は差別課税と均一課税の下で違っているからである。

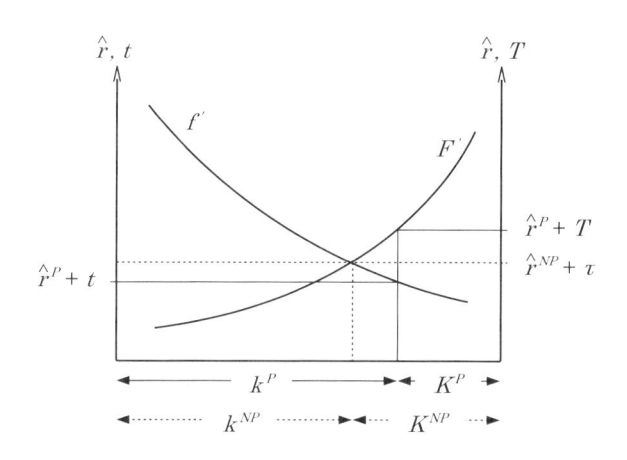

図 8.2: 差別課税、均一課税と資本の配分

2つの国は同質なので、均衡においては $k^i + K^i = \bar{C}/2$（定数）が成り立つ。よって f'、F'、$\hat{r}$ や税率 t、T、τ は図8.2のように描ける。ただし $\hat{r}^P$ は差別課税、$\hat{r}^{NP}$ は均一課税における税引き後リターンを表す。2国は同質なので国番号 i は省略する。

差別課税の下では、政府は租税競争という条件の下で税収が最大になるように t と T を決定する。もし f が F よりも生産性が高く（あるいは資本集約的で）租税弾力的ならば、$k > K$ かつ $t < T$ となるだろう。図8.2からも

分かるように、差別課税と均一課税の税収の差は、

$$\begin{aligned} Rev^P - Rev^{NP} &= tk^P + TK^P - \tau(k^{NP} + K^{NP}) \\ &= tk^P + TK^P - \tau(k^{NP} + K^{NP}) + \tau k^P - \tau k^P + \tau K^P - \tau K^P \\ &= (t-\tau)k^P + (T-\tau)K^P + \tau(k^P + K^P - k^{NP} - K^{NP}) \\ &= (t-\tau)k^P + (T-\tau)K^P \end{aligned} \quad (8.10)$$

すなわち、資本の配分は差別課税における均衡 (k^P, K^P) のままで、税率だけが変わったかのように書き直すことができる。こうして資本の配分が変わってしまう問題を解決することができる。そこで (8.6) を (8.10) に代入して、

$$\begin{aligned} Rev^P - Rev^{NP} &= \left(\frac{K\hat{r}_t - k(1+\hat{r}_T)}{k'(1+\hat{r}_t+\hat{r}_T)} - \tau\right)k \\ &\quad + \left(\frac{k\hat{r}_T - K(1+\hat{r}_t)}{K'(1+\hat{r}_t+\hat{r}_T)} - \tau\right)K \\ &= \frac{1}{k'K'(1+\hat{r}_t+\hat{r}_T)} \Big\{ kK'[K\hat{r}_t - k(1+\hat{r}_T)] \\ &\quad + Kk'[k\hat{r}_T - K(1+\hat{r}_t)] \\ &\quad - k'K'(k+K)(1+\hat{r}_t+\hat{r}_T)\tau \Big\} \end{aligned} \quad (8.11)$$

となる。(8.11) 右辺 { } 内の第 1 項、第 2 項は正である。一方、第 3 項と右辺の分母にある $(1+\hat{r}_t+\hat{r}_T)$ は (8.6) より税率 t と T が正である限り正なので、第 3 項は負である。よって基本モデルと異なり、$Rev^P - Rev^{NP}$ の符号は断定できない。

単一資本モデルで生じる効果を理解するには、1 国のみの経済と、国と国の間でスピルオーバーが生じる 2 国経済を比較して考えるとよい。1 国しか無い経済の場合でも、投資家は産業間で投資先を変えられるので、一方の課税ベースに課す税率を下げれば他方の課税ベースは減少する。この場合、政府は減税が税収全体に及ぼす影響をすべて把握できる。しかし 2 国経済の場合、内部化されない効果が出てくる。第 1 国が一方の産業への税を引き下げると、他方の産業の課税ベースは第 1 国だけでなく第 2 国でも減少する。両国政府が非協力的に行動する限り、彼らはこの負の外部性を考えずに税率を決

定する。このスピルオーバーは均一課税の下では生じない。このため、Keen (2001) のように差別課税の方が望ましいという明確な結論が得られないのである。

8.2 数値計算

本節では数値計算を行い、どのような場合に均一課税の方が（あるいは差別課税の方が）税収が大きくなるか検討する。また、第 4 章の基本モデルに基づく計算結果との比較も行う。まず労働者の数を $\bar{l} = \bar{L} = 1$、生産関数を以下のように置いて均衡を計算してみよう。

$$f^i = (k^i)^{0.4}, \quad F^i = (K^i)^{0.3}$$

表 8.1 は基本モデル ($k^1 + k^2 = 5$, $K^1 + K^2 = 5$)、表 8.2 は単一資本モデル ($k^1 + k^2 + K^1 + K^2 = 10$) の均衡を示している。表 8.1 では、第 4 章で見たように、差別課税の方が税収が多くなっている。加えて、2 種類の資本は別々で代替性がなく、2 国は同質なので、差別課税と均一課税の下で資本 k と K の量に違いはない（いずれも総量の半分）。表 8.2 では、均一課税の方が税収が多くなっている。差別課税の下で高い税率を課していた資本に低い税率を課すというデメリットよりも、差別課税のディストーションを無くすメリットの方が上回ったのである。

表 8.1: 基本モデル

	k	K	t	T	Rev
差別課税	2.50	2.50	0.28	0.22	1.25
均一課税	2.50	2.50	0.25	0.25	1.23

もう 1 つの論点は、基本モデル（表 8.1）では差別課税の場合に $t > T$ となっているのに対して、単一資本モデル（表 8.2）では $t < T$ となっていることである。t は k に、T は K にかかる税率であり、先に定義した生産関数

表 8.2: 単一資本その1

	k	K	t	T	Rev
差別課税	3.66	1.34	0.23	0.29	1.24
均一課税	3.20	1.80	0.25	0.25	1.26

より、資本の水準が非常に小さい場合を除いて $f(k)$ の方が $F(K)$ よりも資本の限界生産性が高い。基本モデルでは k と K は別々なので、政府はより生産性の高い資本 k に逃げられることなく高い税率を課すことができるのである。一方、単一資本モデルでは、同じことをすれば資本は産業 f から逃げて行ってしまう。むしろ資本を呼び込むために T よりも低い税率を課す必要がある（表 8.2 では $k > K$ となっていることに注意されたい）。基本モデルでは租税競争の範囲に制限があるのに対して、単一資本モデルでは資本全体を巻き込んだ激しい租税競争になっているため、$t < T$ となるのである。現実的にも、政府がより生産性の高い（あるいは資本集約的な）産業に対して課税上優遇する $(t < T)$ というのはもっともらしいことだと思われる。

前節で見たように、単一資本モデルではどちらの課税ルールが望ましいか解析的には不明確だった。では、どのような条件の下であれば差別課税の方が均一課税よりも多くの税収をあげるのだろうか。他の条件は表 8.2 のときと同じとし、生産関数を以下のように仮定しよう。

$$f^i = (k^i)^{0.7}, \quad F^i = (K^i)^{0.1}$$

すなわち、2つの産業の資本集約度が極端に違う場合を考える。表 8.3 に差別課税と均一課税の均衡を示す。

表 8.3: 単一資本その2

	k	K	t	T	Rev
差別課税	4.98	0.02	0.26	2.86	1.36
均一課税	4.81	0.19	0.27	0.27	1.35

表から分かるように資本のほとんどは産業 f に集まっている。よって均衡

の近傍では f' の傾きは F' よりもはるかに緩やかで、差別課税の下では税率 T は t よりもはるかに高くなる。その結果、差別課税から均一課税に移行すると、税率 t の増加は T の減少よりもはるかに小さい。したがって資本 k からの税収増は資本 K からの税収減よりも小さい。このようにして、表 8.3 のケースでは差別課税の税収の方が多くなるのである。

8.3 結語

先行研究が仮定してきた別々の資本という仮定は必ずしも現実的ではない。より現実的と考えられる単一資本モデルでは、Keen (2001) の結論と異なり、差別課税よりも均一課税の税収の方が多くなる場合がある。したがって、特定の産業を優遇する差別課税は望ましくないかも知れない。もっとも、資本が別々の基本モデルと、1 種類しかない単一資本モデルは、資本の代替性に関して両極端の仮定に基づいているといえる。つまり、現実は両者の間にあるのかも知れない。

Janeba and Smart (2003) は、各国が協調して減税すると課税ベースが増加するような場合には均一課税の税収の方が多くなる可能性があることを示したが、本章の単一資本モデルではそのような仮定を必要としない。基本モデルの「資本は別々」という仮定を単一資本に変えただけで結果が逆になるケースがあることが本章で示された。

第9章 異なる課税ルール

9.1 異なる課税ルールのモデル

　差別課税の2国モデルによる理論研究では、主に両国とも均一課税を採るときの均衡と、両国とも差別課税（あるいは、制約付きの差別課税）を採るときの均衡が比較される。これは1つには、一方の国が差別課税を採用し、他方の国が均一課税を採用するような場合の均衡を求めることが解析的には困難だからである。しかし関数形やパラメータの値を決めた数値計算であれば、結果を得ることができる。

　第6章で、両国が差別課税から均一課税に移行したときに、影響が大国と小国で逆になるケースについて述べたが、例えばアイルランドとドイツなど他のヨーロッパ諸国の関係を考える場合には、モデルの2国の戦略の組み合わせが（差別課税、均一課税）から（均一課税、均一課税）に移行する方が実際に近いかも知れない。本章ではそのような場合を想定して数値計算を行う。

　以下ではまず一般形によるモデルを示し、9.2節では2次の生産関数、9.3節ではコブ・ダグラス型生産関数を用いる。それぞれの節で、2国が人口のみ、生産技術のみ、人口・生産技術とも異なる場合について均衡を計算する。したがって、$2 \times 3 = 6$ パターンの結果を得る。いずれの場合も、一方の国（人口が非対称の場合は小国）が差別課税、もう一方の国が均一課税の場合の均衡と、前者が均一課税に転じた場合（両国とも均一課税）の均衡を比較する[1]。またここでは第8章で仮定したような単一資本ではなく、先行研究と同じく別々の2種類の資本を仮定する。

---

[1] 本章でも Janeba and Smart (2003) の、政府の目標が効用最大化であった場合と税収最大化であった場合の結果は同様になるという指摘を踏まえて議論を進める。

第5章、第6章と同様に、2国からなる経済を考える。各国にそれぞれ代表的企業（あるいは産業）f と g があり、それぞれ資本 k と h、および労働者を雇っている。i 国の経済全体に占める人口シェアは s^i で、各産業における i 国の労働者シェアも s^i、また $s^1 + s^2 = 1$ である。各国の1人当たりの資本量を k^i、h^i で、経済全体での1人当たりの資本量（固定）を $\bar{k}$、$\bar{h}$ で表し、以下の資本市場の均衡条件が満たされる。

$$s^1 k^1 + s^2 k^2 = \bar{k}, \qquad s^1 h^1 + s^2 h^2 = \bar{h} \tag{9.1}$$

1人当たりの生産関数を以下で表す。

$$f^i = f(k^i), \qquad g^i = g(h^i)$$

政府は資本 k^i と h^i にそれぞれ t^i、T^i の従量税を課す。したがって利潤最大化より、以下の式を得る。

$$f^i_k = r + t^i, \qquad g^i_h = R + T^i$$

ただし r と R はそれぞれ資本 k、h からの税引き後のリターンである。これらは地域間で裁定が働くため、以下が満たされる。

$$f^1_k - t^1 = f^2_k - t^2 \tag{9.2}$$
$$g^1_h - T^1 = g^2_h - T^2 \tag{9.3}$$

(9.1) を (9.2)、(9.3) に代入して微分すると、以下が得られる。

$$\frac{dk^i}{dt^i} = \frac{s^j}{s^j f^i_{kk} + s^i f^j_{kk}} \tag{9.4}$$

$$\frac{dh^i}{dT^i} = \frac{s^j}{s^j g^i_{hh} + s^i g^j_{hh}} \tag{9.5}$$

差別課税 $(t^i \neq T^i)$ の下では、政府は以下の最大化問題を解く。

$$\max_{t^i, T^i} Rev^i = t^i k^i + T^i h^i$$

(9.4)、(9.5) を用いて以下の条件が得られる。

$$k^i + \frac{s^j}{s^j f_{kk}^i + s^i f_{kk}^j} t^i = 0 \tag{9.6}$$

$$h^i + \frac{s^j}{s^j g_{hh}^i + s^i g_{hh}^j} T^i = 0 \tag{9.7}$$

均一課税の下では、政府は単一の税率 τ^i を用いて、以下の問題を解く。

$$\max_{\tau^i} Rev^i = \tau^i (k^i + h^i)$$

これを解いて以下が得られる。

$$k^i + h^i + \left(\frac{s^j}{s^j f_{kk}^i + s^i f_{kk}^j} + \frac{s^j}{s^j g_{hh}^i + s^i g_{hh}^j} \right) \tau^i = 0 \tag{9.8}$$

2 国が異なる課税ルールを採用する場合、第 1 国は (9.6) と (9.7)、第 2 国は (9.8) を採用するものとする。

9.2　2 次生産関数

第 5 章で行ったように、Bucovetsky and Haufler (2007) が用いている 2 次関数に、パラメータを決めて数値計算を行う。資本の総量は第 5、第 6 章と同じで $\bar{k} = \bar{h} = 5$ である。

まず人口のみ異なるケースを考える。生産関数は以下のとおりとする。

$$f^i = 0.2 k^i - 0.004 (k^i)^2, \quad g^i = 0.2 h^i - 0.002 (h^i)^2, \quad i = 1, 2$$

人口配分は $s^1 = 0.2$、$s^2 = 0.8$ とする。すなわち、第 1 国が小国、第 2 国が大国である。表 9.1 に均衡を示す。

第 1 国のみ差別課税をしている時も、Bucovetsky and Haufler (2007) と同様、小国である第 1 国の方が豊かになっている。また、均一課税に移行することで、第 1 国の税収は減少している。Keen (2001) によれば、差別課税によって激しい租税競争の範囲が 1 種類の資本に限定されるので、他国（第 1

表 9.1: 人口のみ異なるケース

	k^1	h^1	t^1	T^1	Rev^1
第1国のみ差別課税	7.50	12.50	0.08	0.06	1.34
両国とも均一課税	8.33	11.67	0.07	0.07	1.33

	k^2	h^2	t^2	T^2	Rev^2
第1国のみ差別課税	4.38	3.13	0.10	0.10	0.75
両国とも均一課税	4.17	3.33	0.10	0.10	0.75

国)が差別課税から均一課税に移行すれば、自国(第2国)は均一課税のままでも租税競争の全面化によって税収が減ってしまうのが自然であると思われるが、ここでは第2国の税収は変わらない。第2国の税収が減らないのは生産関数が2次関数であることに依存しており、次節のコブ・ダグラス型では第1国の移行により両国とも税収は減少する[2]。

次に2国の人口は等しく、生産技術のみ異なるケースを考える。生産関数は以下のとおりとする。

$$f^1 = 0.25k^1 - 0.002(k^1)^2, \quad f^2 = 0.2k^2 - 0.002(k^2)^2$$
$$g^i = 0.2h^i - 0.002(h^i)^2, \quad i = 1,2$$

人口配分は $s^1 = 0.5$、$s^2 = 0.5$ である。表 9.2 に均衡を示す。やはり、均一課税に移行することで第1国の税収は減少している。

最後に人口と生産技術が異なるケースを考える。生産関数は以下のとおりとする(生産技術のみ異なる場合と同じ)。

$$f^1 = 0.25k^1 - 0.002(k^1)^2, \quad f^2 = 0.2k^2 - 0.002(k^2)^2$$
$$g^i = 0.2h^i - 0.002(h^i)^2, \quad i = 1,2$$

---

[2] (9.6) – (9.8) に見られるように、均衡は生産関数の2階微分に依存するので、2次関数では税率は資本量に、税収はその2乗に比例する。$k^2 + h^2$ の値が変わらなければ税収も変わらない(表の値は四捨五入されている)。すなわち、2次生産関数では本文で述べた税収減の効果が捨象されている。

表 9.2: 生産技術のみ異なるケース

	k^1	h^1	t^1	T^1	Rev^1
第1国のみ差別課税	7.60	4.48	0.06	0.04	0.62
両国とも均一課税	9.17	2.92	0.05	0.05	0.58

	k^2	h^2	t^2	T^2	Rev^2
第1国のみ差別課税	2.40	5.52	0.03	0.03	0.25
両国とも均一課税	0.83	7.08	0.03	0.03	0.25

人口配分は $s^1 = 0.2$、$s^2 = 0.8$ で、再び第1国が小国、第2国が大国である。表 9.3 に均衡を示す。

表 9.3: 人口と生産技術が異なるケース

	k^1	h^1	t^1	T^1	Rev^1
第1国のみ差別課税	14.17	9.17	0.07	0.05	1.42
両国とも均一課税	16.67	6.67	0.06	0.06	1.36

	k^2	h^2	t^2	T^2	Rev^2
第1国のみ差別課税	2.71	3.96	0.07	0.07	0.44
両国とも均一課税	2.08	4.58	0.07	0.07	0.44

ここでも、均一課税への移行により第1国の税収が減少している。生産関数に別の関数形を仮定しても同様のことがいえるならば、2次関数による結果は一定の普遍性を持つといえるが、果たしてどうだろうか。

9.3 コブ・ダグラス型生産関数

コブ・ダグラス型生産関数を用いると、結果は大きく変わってしまう。ここでも前節と同様、まず人口のみ異なるケースを考える。生産関数は以下のとおり。

$$f^i = 1.5(k^i)^{0.3}, \quad g^i = (h^i)^{0.3}, \quad i = 1, 2$$

人口配分は $s^1 = 0.2$、$s^2 = 0.8$ で、第 1 国が小国である。表 9.4 に均衡を示す。

表 9.4: 人口のみ異なるケース

	k^1	h^1	t^1	T^1	Rev^1
第 1 国のみ差別課税	8.03	11.43	0.13	0.11	2.32
両国とも均一課税	8.55	10.82	0.12	0.12	2.24

	k^2	h^2	t^2	T^2	Rev^2
第 1 国のみ差別課税	4.24	3.39	0.19	0.19	1.42
両国とも均一課税	4.11	3.54	0.18	0.18	1.40

第 1 国が均一課税に移行することで、第 1 国のみならず第 2 国の税収も減少している。ただ、税収減という基本的な方向は変わらない。

次に生産技術のみ異なるケースを考える。生産関数は以下のとおりとする。

$$f^1 = 1.5(k^1)^{0.3}, \quad f^2 = (k^2)^{0.3}$$
$$g^i = (h^i)^{0.3}, \quad i = 1, 2$$

人口配分は $s^1 = 0.5$、$s^2 = 0.5$ で、両国の人口は等しい。表 9.5 に均衡を示す。

表 9.5: 生産技術のみ異なるケース

	k^1	h^1	t^1	T^1	Rev^1
第 1 国のみ差別課税	5.35	5.13	0.18	0.14	1.68
両国とも均一課税	6.00	4.47	0.16	0.16	1.70

	k^2	h^2	t^2	T^2	Rev^2
第 1 国のみ差別課税	4.65	4.87	0.14	0.14	1.36
両国とも均一課税	4.00	5.53	0.15	0.15	1.41

第 1 国の均一課税への移行により、両国とも税収が増えている。第 6 章で見たように、生産技術が 2 国間で異なる場合、Keen (2001) や Bucovetsky and

Haufler (2007) の結論が必ずしも成り立たなくなる。ここで仮定している生産関数は、f が第 1 国の方が生産性が高いという形で非対称で、g は 2 国間で同じ生産技術になっているが、これを g^2 の方が g^1 よりも生産性が高くなるように、いわば 2 国間の 2 つの技術がねじれるような形で非対称にしてやると（例えば $g^2 = (h^2)^{0.3}$ を $g^2 = 1.2(h^2)^{0.3}$ に置き換える）、上記の結果はさらに拡大する。逆に、f^2 の生産性を高めてやると（例えば $f^2 = 1.1(k^2)^{0.3}$)、税収増の効果は小さくなり、さらに高めると同質な 2 国に近づくので、Keen (2001) の示唆するとおり均一課税への移行で税収は減少する。

最後に人口と生産技術が異なるケースを考える。生産関数は生産技術のみ異なる場合と同じである。

$$f^1 = 1.5(k^1)^{0.3}, \quad f^2 = (k^2)^{0.3}$$
$$g^i = (h^i)^{0.3}, \quad i = 1, 2$$

人口配分は $s^1 = 0.2$、$s^2 = 0.8$ である。表 9.6 に均衡を示す。

表 9.6: 人口と生産技術が異なるケース

	k^1	h^1	t^1	T^1	Rev^1
第 1 国のみ差別課税	10.46	10.01	0.12	0.10	2.25
両国とも均一課税	11.63	8.89	0.11	0.11	2.27

	k^2	h^2	t^2	T^2	Rev^2
第 1 国のみ差別課税	3.63	3.75	0.16	0.16	1.16
両国とも均一課税	3.34	4.03	0.16	0.16	1.17

生産技術のみ異なる場合と同様、均一課税への移行により両国で税収が増加している。これより、第 1 国のルール変更で税収が増加する要因は、両国間の生産技術の相違であると考えられる。

9.4 2国間のゲーム

2国の戦略の組み合わせが（差別課税、均一課税）と（均一課税、均一課税）以外の場合についても数値計算により各均衡値を得ることができる。表9.4〜6の各ケースにおける戦略と税収を利得行列で図9.1〜3に示す。

図9.1では2国は人口のみ異なる（第1国が小国）。ここでは（差別課税、差別課税）が唯一の（純粋戦略）ナッシュ均衡であり、この結論はBucovetsky and Haufler (2007)と整合的である。

	第2国 差別課税	第2国 均一課税
第1国 差別課税	<u>1.44</u> / <u>2.28</u>	1.42 / <u>2.32</u>
第1国 均一課税	<u>1.42</u> / 2.23	1.40 / 2.24

図 9.1: 表 9.4 のゲーム（人口のみ異なる）

	第2国 差別課税	第2国 均一課税
第1国 差別課税	<u>1.37</u> / <u>1.69</u>	1.36 / 1.68
第1国 均一課税	1.39 / 1.68	<u>1.41</u> / <u>1.70</u>

図 9.2: 表 9.5 のゲーム（生産技術のみ異なる）

図9.2では2国は生産技術のみ異なる。ここではナッシュ均衡は2つあるが、（均一課税、均一課税）の方が両国にとってより望ましい。この結果は第

6 章の議論と対応する。

		第 2 国	
		差別課税	均一課税
第 1 国	差別課税	<u>1.159</u> / <u>2.272</u>	1.157 / 2.254
	均一課税	1.166 / 2.257	<u>1.169</u> / <u>2.268</u>

図 9.3: 表 9.6 のゲーム（人口と生産技術が異なる）

図 9.3 では 2 国は人口・生産技術とも異なる。やはりナッシュ均衡は 2 つあるが、ここでは（差別課税、差別課税）の方が第 1 国にとって望ましいのに対し、第 2 国には（均一課税、均一課税）の方が望ましい。この時、一時的には（差別課税、均一課税）が選択されるかも知れない。どちらのナッシュ均衡に落ち着くかは、政治的に決められることになる。

9.5 結語

本章では、非対称な 2 国が異なる課税ルール（差別課税、均一課税）を採用している状況から、第 1 国がルールを均一課税に変更した時の均衡の変化を数値計算を用いて検討した。2 国の非対称性が人口のみの場合、第 1 国のルール変更により少なくとも第 1 国の税収が減少する。ところが、2 国の生産性が異なる場合、コブ・ダグラス型生産関数を仮定すると、第 1 国のルール変更で両国の税収が増加する可能性もある。

以上の結果を表 9.7 にまとめる。仮にアイルランドとドイツなどのヨーロッパ諸国の関係が表 9.7 の⑤または⑥（人口に差があるので、特に⑥）に当たるとすると、アイルランドが均一課税に移行することで、同国も他のヨーロッパ諸国も厚生が改善する可能性はある。しかし、それには両国の生産技術が

表 9.7: 2国間の非対称性と均一課税への移行効果

	人口（$s^1 < s^2$）	生産性（f^1 高）	人口＋生産性
2次関数	① 第1国税収減	② 同左	③ 同左
コブ・ダグラス型	④ 両国税収減	⑤ 両国税収増	⑥ 同左

大きく異なっている必要がある。それを確認するのは実証研究の範疇になるが、現実的には生産技術は大きく異ならず、均一課税への移行によって税収が減少するかも知れない。

付録　数値計算のプログラム

　本書の数値計算には Wolfram Research 社の Mathematica 7.0 を使用している。均衡を求めるのに使った簡単なプログラムの主なものを以下に示す。

人口が非対称（第5章）

(1) 2次関数

```
―　差別課税　―
Clear[k1, k2, h1, h2, t1k, t2k, t1h, t2h];
kbar = 5; hbar = 5;
s1 = .2; s2 = .8;
f1 = .2 k1 - .0045 k1^2; f2 = .2 k2 - .0045 k2^2;
g1 = .2 h1 - .0035 h1^2; g2 = .2 h2 - .0035 h2^2;
f1k = D[f1, k1]; f1kk = D[f1k, k1];
g1h = D[g1, h1]; g1hh = D[g1h, h1];
f2k = D[f2, k2]; f2kk = D[f2k, k2];
g2h = D[g2, h2]; g2hh = D[g2h, h2];

kai = FindRoot[{f1k - t1k == f2k - t2k,
   g1h - t1h == g2h - t2h,
   s1 k1 + s2 k2 == kbar,
   s1 h1 + s2 h2 == hbar,
   t1k == -k1 (s2 f1kk + s1 f2kk)/s2,
   t2k == -k2 (s1 f2kk + s2 f1kk)/s1,
   t1h == -h1 (s2 g1hh + s1 g2hh)/s2,
   t2h == -h2 (s2 g1hh + s1 g2hh)/s1},
   {k1, 6}, {k2, 4}, {h1, 6}, {h2, 4},
   {t1k, .3}, {t2k, .1}, {t1h, .3}, {t2h, .1}]
```

{k1 -> 10., k2 -> 3.75, h1 -> 10., h2 -> 3.75, t1k -> 0.1125,
 t2k -> 0.16875, t1h -> 0.0875, t2h -> 0.13125}

rev1p = t1k k1 + t1h h1 /. kai;
rev2p = t2k k2 + t2h h2 /. kai;
{rev1p, rev2p}

{2., 1.125}

— 均一課税 —
kai2 = FindRoot[{f1k - t1 == f2k - t2,
   g1h - t1 == g2h - t2,
   s1 k1 + s2 k2 == kbar,
   s1 h1 + s2 h2 == hbar,
   k1 + t1 s2/(s1 f2kk + s2 f1kk) + h1
    + t1 s2/(s2 g1hh + s1 g2hh) == 0,
   k2 + t2 s1/(s1 f2kk + s2 f1kk) + h2
    + t2 s1/(s2 g1hh + s1 g2hh) == 0},
   {k1, 6}, {k2, 4}, {h1, 6}, {h2, 4}, {t1, .1}, {t2, .1}]

{k1 -> 9.375, k2 -> 3.90625, h1 -> 10.625, h2 -> 3.59375,
 t1 -> 0.0984375, t2 -> 0.147656}

rev1np = t1 k1 + t1 h1 /. kai2;
rev2np = t2 k2 + t2 h2 /. kai2;
{rev1np, rev2np}

{1.96875, 1.10742}

(2) コブ・ダグラス型

― 差別課税 ―

```
Clear[k1, k2, h1, h2, t1k, t2k, t1h, t2h];
kbar = 5; hbar = 5;
s1 = .2; s2 = .8; a = .3; b = .3;
f1 = 1.2 k1^a; g1 = 1.0 h1^b;
f2 = 1.2 k2^a; g2 = 1.0 h2^b;
f1k = D[f1, k1]; f1kk = D[f1k, k1];
g1h = D[g1, h1]; g1hh = D[g1h, h1];
f2k = D[f2, k2]; f2kk = D[f2k, k2];
g2h = D[g2, h2]; g2hh = D[g2h, h2];

kai = FindRoot[{f1k - t1k == f2k - t2k,
   g1h - t1h == g2h - t2h,
   s1 k1 + s2 k2 == kbar,
   s1 h1 + s2 h2 == hbar,
   t1k == -k1 (s2 f1kk + s1 f2kk)/s2,
   t2k == -k2 (s1 f2kk + s2 f1kk)/s1,
   t1h == -h1 (s2 g1hh + s1 g2hh)/s2,
   t2h == -h2 (s2 g1hh + s1 g2hh)/s1},
   {k1, 6}, {k2, 4}, {h1, 6}, {h2, 4},
   {t1k, .3}, {t2k, .1}, {t1h, .3}, {t2h, .1}]

{k1 -> 9.65447, k2 -> 3.83638, h1 -> 9.65447, h2 -> 3.83638,
 t1k -> 0.113392, t2k -> 0.180234, t1h -> 0.0944937,
 t2h -> 0.150195}

rev1p = t1k k1 + t1h h1 /. kai;
rev2p = t2k k2 + t2h h2 /. kai;
{rev1p, rev2p}

{2.00703, 1.26766}
```

― 均一課税 ―

```
kai2 = FindRoot[{f1k - t1 == f2k - t2,
    g1h - t1 == g2h - t2,
    s1 k1 + s2 k2 == kbar,
    s1 h1 + s2 h2 == hbar,
    k1 + t1 s2/(s1 f2kk + s2 f1kk) + h1
     + t1 s2/(s2 g1hh + s1 g2hh) == 0,
    k2 + t2 s1/(s1 f2kk + s2 f1kk) + h2
     + t2 s1/(s2 g1hh + s1 g2hh) == 0},
    {k1, 6}, {k2, 4}, {h1, 6}, {h2, 4}, {t1, .1}, {t2, .1}]

{k1 -> 9.14443, k2 -> 3.96389, h1 -> 10.1786, h2 -> 3.70535,
 t1 -> 0.103496, t2 -> 0.164308}

rev1np = t1 k1 + t1 h1 /. kai2;
rev2np = t2 k2 + t2 h2 /. kai2;
{rev1np, rev2np}

{1.99985, 1.26012}
```

人口も生産技術も非対称（第 6 章）

(1) 2 次関数

― 差別課税 ―

```
Clear[k1, k2, h1, h2, t1k, t2k, t1h, t2h, t1, t2];
kbar = 5; hbar = 5;
s1 = .1; s2 = .9;
f1 = .18 k1 - .0015 k1^2; f2 = .12 k2 - .0015 k2^2;
g1 = .12 h1 - .0015 h1^2; g2 = .12 h2 - .0015 h2^2;
f1k = D[f1, k1]; f1kk = D[f1k, k1];
g1h = D[g1, h1]; g1hh = D[g1h, h1];
f2k = D[f2, k2]; f2kk = D[f2k, k2];
g2h = D[g2, h2]; g2hh = D[g2h, h2];

kai = FindRoot[{f1k - t1k == f2k - t2k,
   g1h - t1h == g2h - t2h,
   s1 k1 + s2 k2 == kbar,
   s1 h1 + s2 h2 == hbar,
   t1k == -k1 (s2 f1kk + s1 f2kk)/s2,
   t2k == -k2 (s1 f2kk + s2 f1kk)/s1,
   t1h == -h1 (s2 g1hh + s1 g2hh)/s2,
   t2h == -h2 (s2 g1hh + s1 g2hh)/s1},
   {k1, 6}, {k2, 4}, {h1, 6}, {h2, 4},
   {t1k, .3}, {t2k, .9}, {t1h, .3}, {t2h, .9}]

{k1 -> 24.3333, k2 -> 2.85185, h1 -> 18.3333, h2 -> 3.51852,
 t1k -> 0.0811111, t2k -> 0.0855556, t1h -> 0.0611111,
 t2h -> 0.105556}


rev1p = t1k k1 + t1h h1 /. kai;
rev2p = t2k k2 + t2h h2 /. kai;
{rev1p, rev2p}

{3.09407, 0.615391}
```

― 均一課税 ―

```
kai2 = FindRoot[{f1k - t1 == f2k - t2,
   g1h - t1 == g2h - t2,
   s1 k1 + s2 k2 == kbar,
   s1 h1 + s2 h2 == hbar,
   k1 + t1 s2/(s1 f2kk + s2 f1kk) + h1
    + t1 s2/(s2 g1hh + s1 g2hh) ==  0,
   k2 + t2 s1/(s1 f2kk + s2 f1kk) + h2
    + t2 s1/(s2 g1hh + s1 g2hh) == 0},
   {k1, 6}, {k2, 4}, {h1, 6}, {h2, 4}, {t1, .1}, {t2, .1}]
```

{k1 -> 30.3333, k2 -> 2.18519, h1 -> 12.3333, h2 -> 4.18519,
 t1 -> 0.0711111, t2 -> 0.0955556}

```
rev1np = t1 k1 + t1 h1 /. kai2;
rev2np = t2 k2 + t2 h2 /. kai2;
{rev1np, rev2np}
```

{3.03407, 0.608724}

(2) コブ・ダグラス型

—　差別課税　—

```
Clear[k1, k2, h1, h2, t1k, t2k, t1h, t2h, t1, t2];
kbar = 5; hbar = 5;
s1 = .1; s2 = .9; a = .3; b = .3;
f1 = 1.5 k1^a;  f2 = k2^a;
g1 = h1^b;      g2 = h2^b;
f1k = D[f1, k1]; f1kk = D[f1k, k1];
g1h = D[g1, h1]; g1hh = D[g1h, h1];
f2k = D[f2, k2]; f2kk = D[f2k, k2];
g2h = D[g2, h2]; g2hh = D[g2h, h2];

kai = FindRoot[{f1k - t1k == f2k - t2k,
   g1h - t1h == g2h - t2h,
   s1 k1 + s2 k2 == kbar,
   s1 h1 + s2 h2 == hbar,
   t1k == -k1 (s2 f1kk + s1 f2kk)/s2,
   t2k == -k2 (s1 f2kk + s2 f1kk)/s1,
   t1h == -h1 (s2 g1hh + s1 g2hh)/s2,
   t2h == -h2 (s2 g1hh + s1 g2hh)/s1},
   {k1, 6}, {k2, 4}, {h1, 6}, {h2, 4},
   {t1k, .3}, {t2k, .9}, {t1h, .3}, {t2h, .9}]

{k1 -> 18.3931, k2 -> 3.51188, h1 -> 16.1771, h2 -> 3.7581,
 t1k -> 0.0917495, t2k -> 0.157663, t1h -> 0.0696804,
 t2h -> 0.145687}


rev1p = t1k k1 + t1h h1 /. kai;
rev2p = t2k k2 + t2h h2 /. kai;
{rev1p, rev2p}

{2.81478, 1.1012}
```

― 均一課税 ―
```
kai2 = FindRoot[{f1k - t1 == f2k - t2,
   g1h - t1 == g2h - t2,
   s1 k1 + s2 k2 == kbar,
   s1 h1 + s2 h2 == hbar,
   k1 + t1 s2/(s1 f2kk + s2 f1kk) + h1
    + t1 s2/(s2 g1hh + s1 g2hh) ==  0,
   k2 + t2 s1/(s1 f2kk + s2 f1kk) + h2
    + t2 s1/(s2 g1hh + s1 g2hh) == 0},
   {k1, 6}, {k2, 4}, {h1, 6}, {h2, 4}, {t1, .1}, {t2, .1}]

{k1 -> 19.5186, k2 -> 3.38683, h1 -> 15.1417, h2 -> 3.87315,
 t1 -> 0.0807787, t2 -> 0.15228}

rev1np = t1 k1 + t1 h1 /. kai2;
rev2np = t2 k2 + t2 h2 /. kai2;
{rev1np, rev2np}

{2.79981, 1.10555}
```

単一資本モデル(第 8 章)

(1) 差別課税

```
Clear[k1, k2, K1, K2, t1, t2, r, T1, T2]
a = .4; b = .3;
f1 = k1^a; F1 = K1^b;
f2 = k2^a; F2 = K2^b;
f1k = D[f1, k1]; F1K = D[F1, K1];
f2k = D[f2, k2]; F2K = D[F2, K2];

k1r = Solve[f1k == r + t1, k1];
k1ofr = Extract[k1 /. k1r, 1];
k1p = D[k1ofr, r];

k2r = Solve[f2k == r + t2, k2];
k2ofr = Extract[k2 /. k2r, 1];
k2p = D[k2ofr, r];

K1r = Solve[F1K == r + T1, K1];
K1ofr = Extract[K1 /. K1r, 1];
K1p = D[K1ofr, r];

K2r = Solve[F2K == r + T2, K2];
K2ofr = Extract[K2 /. K2r, 1];
K2p = D[K2ofr, r];

rt1 = -k1p/(k1p + k2p + K1p + K2p);
rt2 = -k2p/(k1p + k2p + K1p + K2p);
rT1 = -K1p/(k1p + k2p + K1p + K2p);
rT2 = -K2p/(k1p + k2p + K1p + K2p);

kai = FindRoot[{
    r == f1k - t1,
    r == f2k - t2,
    r == F1K - T1,
    r == F2K - T2,
```

```
    k1 + k2 + K1 + K2 == 10,
    k1 + t1 (k1p rt1 + k1p) + T1 K1p rt1 == 0,
    k2 + t2 (k2p rt2 + k2p) + T2 K2p rt2 == 0,
    t1 k1p rT1 + K1 + T1 (K1p rT1 + K1p) == 0,
    t2 k2p rT2 + K2 + T2 (K2p rT2 + K2p) == 0},
    {k1, 4}, {k2, 3}, {t1, 0.1}, {t2, 0.1}, {K1, 1}, {K2, 2},
    {T1, 0.5}, {T2, 0.5}, {r, 1}] // Chop

{k1 -> 3.66256, k2 -> 3.66256, t1 -> 0.231911, t2 -> 0.231911,
 K1 -> 1.33744, K2 -> 1.33744, T1 -> 0.293099, T2 -> 0.293099,
 r -> -0.0483461}

{t1 k1 + T1 K1, t2 k2 + T2 K2} /. kai

{1.24139, 1.24139}
```

(2) 均一課税

```
kai = FindRoot[{
    r == f1k - t1,
    r == f2k - t2,
    r == F1K - T1,
    r == F2K - T2,
    k1 + k2 + K1 + K2 == 10,
    k1 + t1 (k1p (rt1 + rT1) + k1p) + K1 +
      T1 (K1p (rt1 + rT1) + K1p) == 0,
    k2 + t2 (k2p (rt2 + rT2) + k2p) + K2 +
      T2 (K2p (rt2 + rT2) + K2p) == 0,
    t1 == T1,
    t2 == T2},
    {k1, 5}, {k2, 5}, {t1, 0.1}, {t2, 0.1}, {K1, 1}, {K2, 2},
    {T1, 0.5}, {T2, 0.5}, {r, 1}] // Chop

{k1 -> 3.20215, k2 -> 3.20215, t1 -> 0.251697, t2 -> 0.251697,
 K1 -> 1.79785, K2 -> 1.79785, T1 -> 0.251697, T2 -> 0.251697,
 r -> -0.0527236}

{t1 k1 + T1 K1, t2 k2 + T2 K2} /. kai

{1.25848, 1.25848}
```

1 国のみ差別課税から均一課税へ (第 9 章)

(1) 2 次関数

―　第 1 国のみ差別課税　―

```
Clear[k1, k2, h1, h2, t1k, t2k, t1h, t2h, t1, t2];
kbar = 5; hbar = 5;
s1 = .2; s2 = .8; a = .3; b = .3;
f1 = .2 k1 - .004 k1^2; f2 = .2 k2 - .004 k2^2;
g1 = .2 h1 - .002 h1^2; g2 = .2 h2 - .002 h2^2;
f1k = D[f1, k1]; f1kk = D[f1k, k1];
g1h = D[g1, h1]; g1hh = D[g1h, h1];
f2k = D[f2, k2]; f2kk = D[f2k, k2];
g2h = D[g2, h2]; g2hh = D[g2h, h2];

kai = FindRoot[{f1k - t1k == f2k - t2k,
   g1h - t1h == g2h - t2h,
   s1 k1 + s2 k2 == kbar,
   s1 h1 + s2 h2 == hbar,
   k1 + t1k s2/(s2 f1kk + s1 f2kk) == 0,
   h1 + t1h s2/(s2 g1hh + s1 g2hh) == 0,
   k2 + t2k s1/(s1 f2kk + s2 f1kk) + h2 +
     t2h s1/(s2 g1hh + s1 g2hh) == 0, t2k == t2h},
   {k1, 6}, {k2, 4}, {h1, 6}, {h2, 4},
   {t1k, .3}, {t2k, .1}, {t1h, .3}, {t2h, .1}]

{k1 -> 7.5, k2 -> 4.375, h1 -> 12.5, h2 -> 3.125,
  t1k -> 0.075, t2k -> 0.1, t1h -> 0.0625, t2h -> 0.1}

rev1p = t1k k1 + t1h h1 /. kai;
rev2np = t2k k2 + t2h h2 /. kai;
{rev1p, rev2p}

{1.34375, 0.75}
```

―　両国とも均一課税　―

```
kai2 = FindRoot[{f1k - t1 == f2k - t2,
   g1h - t1 == g2h - t2,
   s1 k1 + s2 k2 == kbar,
   s1 h1 + s2 h2 == hbar,
   k1 + t1 s2/(s1 f2kk + s2 f1kk) + h1
     + t1 s2/(s2 g1hh + s1 g2hh) == 0,
   k2 + t2 s1/(s1 f2kk + s2 f1kk) + h2
     + t2 s1/(s2 g1hh + s1 g2hh) == 0},
   {k1, 6}, {k2, 4}, {h1, 6}, {h2, 4}, {t1, .1}, {t2, .1}]

{k1 -> 8.33333, k2 -> 4.16667, h1 -> 11.6667, h2 -> 3.33333,
 t1 -> 0.0666667, t2 -> 0.1}

rev1np = t1 k1 + t1 h1 /. kai2;
rev2np = t2 k2 + t2 h2 /. kai2;
{rev1np, rev2np}

{1.33333, 0.75}
```

(2) コブ・ダグラス型

— 第 1 国のみ差別課税 —

```
Clear[k1, k2, h1, h2, t1k, t2k, t1h, t2h, t1, t2];
kbar = 5; hbar = 5;
s1 = .2; s2 = .8; a = .3; b = .3;
f1 = 1.5 k1^a; g1 = 1.0 h1^b;
f2 = 1.5 k2^a; g2 = 1.0 h2^b;
f1k = D[f1, k1]; f1kk = D[f1k, k1];
g1h = D[g1, h1]; g1hh = D[g1h, h1];
f2k = D[f2, k2]; f2kk = D[f2k, k2];
g2h = D[g2, h2]; g2hh = D[g2h, h2];

kai = FindRoot[{f1k - t1k == f2k - t2k,
   g1h - t1h == g2h - t2h,
   s1 k1 + s2 k2 == kbar,
   s1 h1 + s2 h2 == hbar,
   k1 + t1k s2/(s2 f1kk + s1 f2kk) == 0,
   h1 + t1h s2/(s2 g1hh + s1 g2hh) == 0,
   k2 + t2k s1/(s1 f2kk + s2 f1kk) + h2 +
     t2h s1/(s2 g1hh + s1 g2hh) == 0,
   t2k == t2h},
   {k1, 6}, {k2, 4}, {h1, 6}, {h2, 4},
   {t1k, .3}, {t2k, .1}, {t1h, .3}, {t2h, .1}]

{k1 -> 8.03044, k2 -> 4.24239, h1 -> 11.4301, h2 -> 3.39248,
 t1k -> 0.127488, t2k -> 0.186439, t1h -> 0.113377,
 t2h -> 0.186439}


rev1p = t1k k1 + t1h h1 /. kai;
rev2np = t2k k2 + t2h h2 /. kai;
{rev1p, rev2np}

{2.31969, 1.42344}
```

— 両国とも均一課税 —

```
kai2 = FindRoot[{f1k - t1 == f2k - t2,
   g1h - t1 == g2h - t2,
   s1 k1 + s2 k2 == kbar,
   s1 h1 + s2 h2 == hbar,
   k1 + t1 s2/(s1 f2kk + s2 f1kk) + h1
    + t1 s2/(s2 g1hh + s1 g2hh) == 0,
   k2 + t2 s1/(s1 f2kk + s2 f1kk) + h2
    + t2 s1/(s2 g1hh + s1 g2hh) == 0},
   {k1, 6}, {k2, 4}, {h1, 6}, {h2, 4}, {t1, .1}, {t2, .1}]

{k1 -> 8.55317, k2 -> 4.11171, h1 -> 10.8235, h2 -> 3.54412,
 t1 -> 0.115598, t2 -> 0.182693}

rev1np = t1 k1 + t1 h1 /. kai2;
rev2np = t2 k2 + t2 h2 /. kai2;
{rev1np, rev2np}

{2.2399, 1.39866}
```

参考文献

Andersson, F. and Forslid, R. (2003) Tax Competition and Economic Geography. *Journal of Public Economic Theory* 5, 279-303.

Anselin, L. (1988) *Spatial Econometrics: Methods and Models.* Dordrecht. Kluwer Academic Publishers

―――― (2010) Thirty years of spatial econometrics. *Papers in Regional Science* 89(1), 3-25.

Baldwin, R.E. and Krugman, P. (2004) Agglomeration, Integration and Tax Harmonization. *European Economic Review* 48, 1-23.

Besley, T. and Case, A. (1995) Incumbent behavior: vote-seeing, tax-setting, and yardstick competition. *American Economic Review* 85(1), 25-45.

Besley, T.J. and Rosen, H.S. (1998) Vertical externalities in tax setting: evidence from gasoline and cigarettes. *Journal of Public Economics* 70, 383-98.

Bjorvatn, K. and Schjelderup, G. (2002) Tax Competition and International Public Goods. *International Tax and Public Finance* 9, 111-20.

Blue, J.R. (2000) The Celtic Tiger Roars Defiantly: Corporation Tax in Ireland and Competition within the European Union. *Duke Journal of Comparative and International Law* 10, 443-67.

Brennan, G. and Buchanan, J.M. (1980) *The Power to Tax - Analytical foundations of a fiscal constitution.* Cambridge; New York: Cambridge University Press

Brett, C. and Pinkse, J. (2000) The determinants of municipal tax rates in British Columbia. *Canadian Journal of Economics* 33(3), 695-714.

Brueckner, J.K. (2003) Strategic Interaction Among Governments: An Overview of empirical studies. *International Regional Science Review* 26(2), 175-88.

Brueckner, J.K. and Saavedra, L.A. (2001) Do local governments engage in strategic property-tax competition? *National Tax Journal* 54(2), 203-29.

Brülhart, M. and Jametti, M. (2006) Vertical versus horizontal tax externalities: An empirical test. *Journal of Public Economics* 90, 2027-62.

Bucovetsky, S. (1991) Asymmetric tax competition. *Journal of Urban Economics* 30, 167-81.

Bucovetsky, S. and Haufler, A. (2007) Preferential Tax Regimes with Asymmetric Countries. *National Tax Journal* 60, 789-95.

Bucovetsky, S. and Smart, M. (2006) The Efficiency Consequences of Local Revenue Equalization: Tax Competition and Tax Distortions. *Journal of Public Economic Theory* 8, 119-44.

Buettner, T. (2001) Local business taxation and competition for capital: the choice of the tax rate. *Regional Science and Urban Economics* 31(2-3), 215-45.

Case, A. (1993) Interstate tax competition after TRA86. *Journal of Policy analysis and Management* 12(1) 136-48

Department of Finance, Ireland (2007) Common Consolidated Corporate Tax Base: Ireland's Position. http://www.finance.gov.ie/viewdoc.asp?DocID=4543

Devereux, M.P., Lockwood, B. and Redoano, M. (2008) Do countries compete over corporate tax rates? *Journal of Public Economics* 92, 1210-35.

Edwards, J. and Keen, M. (1996) Tax Competition and Leviathan. *European Economic Review* 40, 113-34.

Esteller-Moré, A. and Solé-Ollé, A. (2001) Vertical income tax externalities and fiscal interdependence: evidence from the US. *Regional Science and Urban Economics* 31(2-3), 247-72.

Esteller-Moré, A. and Solé-Ollé, A. (2002) Tax setting in a federal system: The case of personal income taxation in Canada. *International Tax and Public Finance* 9(3), 235-57.

European Commission (1997) Code of Conduct for Business Taxation.

——————— (2010) Common Tax Base, Taxation and Customs Union. http://ec.europa.eu/taxation_customs/taxation/company_tax/common_tax_base/index_en.htm

Fernandez, G.E. (2005) A note on Tax Competition in the presence of agglomeration economies. *Regional Science and Urban Economics* 35, 837-47.

Gaigné, C. and Wooton, I. (2011) The Gains from Preferential Tax Regimes Reconsidered. *Regional Science and Urban Economics* 41, 59-66.

Garcia-Mila, T. and McGuire, T.J. (2001) Tax Incentive and the City. Institute of Government and Public Affairs Working Papers 101.

Gérard, M., Jayet, H. and Paty, S. (2010) Tax interactions among Belgian municipalities: Do interregional differences matter? *Regional Science and Urban Economics* 40, 336-42.

Goodspeed, T.J. (2000) Tax structure in a federation. *Journal of Public Economics* 75, 493-506.

———————— (2002) Tax competition and tax structure in open federal economies: Evidence from OECD countries with implications for the European Union. *European Economic Review* 46, 357-74.

Haufler, A. (2001) *Taxation in a Global Economy*. Cambridge University Press.

Haupt, A. and Peters, W. (2005) Restricting Preferential tax regimes to avoid harmful tax competition. *Regional Science and Urban Economics* 35, 493-507.

Hayashi, M. and Boadway, R. (2001) An empirical analysis of intergovernmental tax interaction: The case of business taxes in Canada. *Canadian Journal of Economics* 34(2), 481-503.

Heyndels, B. and Vuchelen, J. (1998) Tax mimicking among Belgian municipalities. *National Tax Journal* 51(1), 89-101.

Hoyt, W.H. (1991) Property Taxation, Nash Equilibrium, and Market Power. *Journal of Urban Economics* 30, 123-31.

Janeba, E. and Peters, W. (1999) Tax Evasion, Tax Competition and the Gains from Nondiscrimination: The Case of Interest Taxation in Europe. *Economic Journal* 109, 93-101.

Janeba, E. and Smart, M. (2003) Is Targeted Tax Competition Less Harmful than Its Remedies? *International Tax and Public Finance* 10, 259-80.

Keen, M. (2001) Preferential Regimes Can Make Tax Competition Less Harmful. *National Tax Journal* 54, 757-62.

Keen, M. and Marchand, M. (1997) Fiscal Competition and the Pattern of Public Spending. *Journal of Public Economics* 66, 33-53.

Keen, M. and Kotsogiannis, C. (2002) Does Federalism Lead to Excessively High Taxes? *American Economic Review* 92(1), 363-70.

Keen, M. and Kotsogiannis, C. (2004) Tax Competition in Federations and the Welfare Consequences of decentralization. *Journal of Urban Economics* 56, 397-407.

Kelejian, H.H. and Prucha, I.R. (1998) A generalized spatial two-stage least squares procedure for estimating a spatial autoregressive model with autoregressive disturbances. *Journal of Real Estate Finance and Economics* 17(1), 99-121.

Kotsogiannis, C. (2010) Federal Tax Competition and the Efficiency Consequences for Local Taxation of Revenue Equalization. *International Tax and Public Finance* 17, 1-14.

KPMG (2010) 2010年世界法人税／間接税調査、http://www.kpmg.or.jp/resources/research/r_tax201010.html

Ladd, H.F. (1992) Mimicking of local tax burdens among neighboring countries. *Public Finance Review* 20(4), 450-67.

Marceau, N., Mongrain, S. and Wilson, J.D. (2010) Why Do Most Countries Set High Tax Rates on Capital? *Journal of International Economics* 80(2), 249-59.

Matheson Ormsby Prentice (2007)「アイルランドの対内投資」http://www.mop.ie/

Matsumoto, M. (2000) A Note on the Composition of Public Expenditure under Capital Tax Competition. *International Tax and Public Finance* 7, 691-697.

Oates, W.E. (1972) *Fiscal Federalism*. New York: Harcourt Brace Jovanovich

Oates, W.E. and Schwab, R.M. (1991) The allocative and distributive implications of local fiscal competition, in *Competition Among States and*

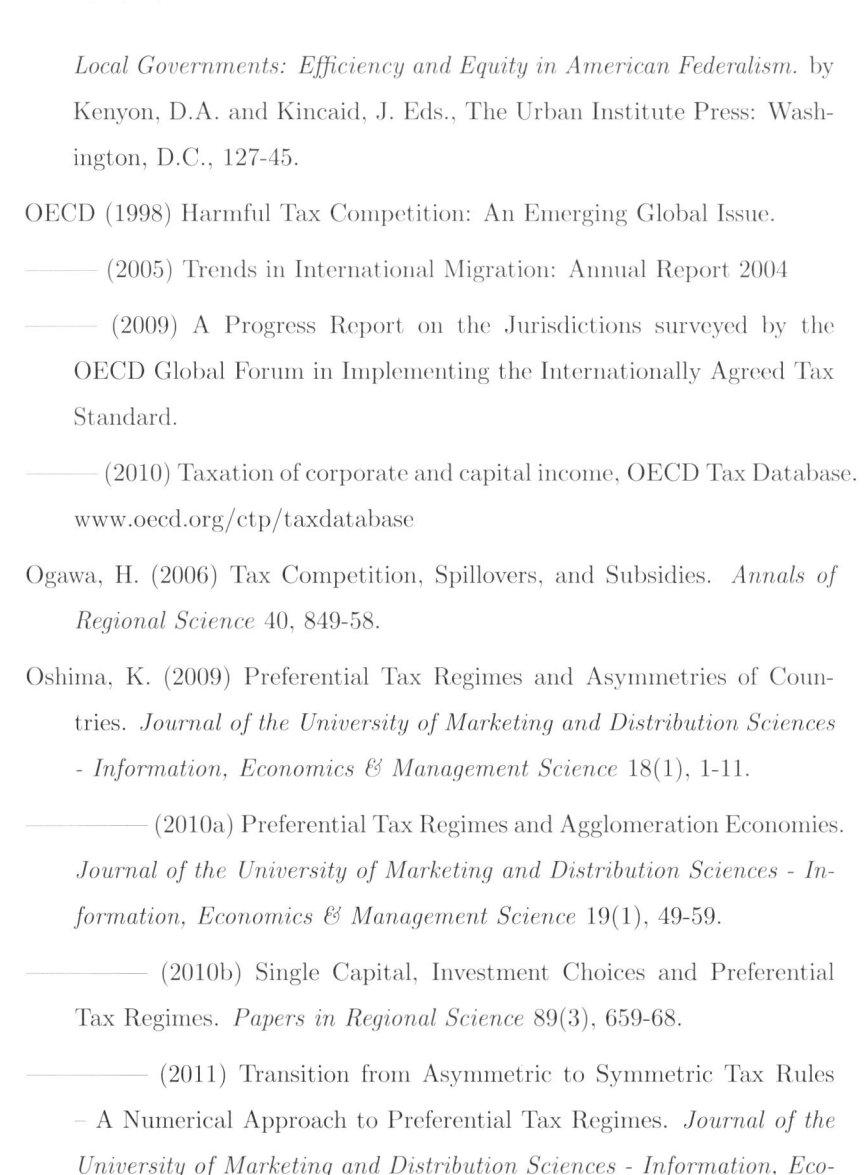

Local Governments: Efficiency and Equity in American Federalism. by Kenyon, D.A. and Kincaid, J. Eds., The Urban Institute Press: Washington, D.C., 127-45.

OECD (1998) Harmful Tax Competition: An Emerging Global Issue.

―――― (2005) Trends in International Migration: Annual Report 2004

―――― (2009) A Progress Report on the Jurisdictions surveyed by the OECD Global Forum in Implementing the Internationally Agreed Tax Standard.

―――― (2010) Taxation of corporate and capital income, OECD Tax Database. www.oecd.org/ctp/taxdatabase

Ogawa, H. (2006) Tax Competition, Spillovers, and Subsidies. *Annals of Regional Science* 40, 849-58.

Oshima, K. (2009) Preferential Tax Regimes and Asymmetries of Countries. *Journal of the University of Marketing and Distribution Sciences - Information, Economics & Management Science* 18(1), 1-11.

―――――― (2010a) Preferential Tax Regimes and Agglomeration Economies. *Journal of the University of Marketing and Distribution Sciences - Information, Economics & Management Science* 19(1), 49-59.

―――――― (2010b) Single Capital, Investment Choices and Preferential Tax Regimes. *Papers in Regional Science* 89(3), 659-68.

―――――― (2011) Transition from Asymmetric to Symmetric Tax Rules – A Numerical Approach to Preferential Tax Regimes. *Journal of the University of Marketing and Distribution Sciences - Information, Economics & Management Science* 20(1), forthcoming.

Revelli, F. (2002) Local taxes, national politics and spatial interactions in English district election results. *European Journal of Political Economy*

18 (2), 281-99.

Wellisch, D. (2000) *Theory of Public Finance in a Federal State*. Cambridge University Press.

Wilson, J.D. (1986) A theory of inter-regional tax competition. *Journal of Urban Economics* 19, 296-315.

―――――― (1991) Tax competition with interregional differences in factor endowments. *Regional Science and Urban Economics* 21, 423-51.

―――――― (1995) Mobile Labor, Multiple Tax Instruments, and Tax Competition. *Journal of Urban Economics* 38, 333-56.

―――――― (1999) Theories of tax competition. *National Tax Journal* 52, 269-304.

―――――― (2006) Tax competition with and without Preferential Treatment of a Highly-Mobile Tax Base. in *The Challenges of Tax Reform in a Global Economy* by J. Alm, J. Martinez-Vazquez and M. Rider, Eds., New York: Springer.

Zodrow, G.R. (2003) Tax Competition and Tax Coordination in the European Union. *International Tax and Public Finance* 10, 651-71.

Zodrow, R. G. and Mieszkowski, P. (1986) Pigou, Tiebout, property taxation, and the underprovision of local public goods. *Journal of Urban Economics* 19, 356-70.

浅田和史 (1997)「EU における法人税制の『調和』の論理」 立命館経済学 46(3), 26-47.

大島考介・國崎稔・菅原宏太 (2008)「固定資産税の土地評価における自治体間相互依存の実証分析」 愛知大学経済論集 176, 1-19.

小川光 (2006)「地方政府間の政策競争－税・支出の競争と外部効果－」『フィナンシャル・レビュー』82, 10-36.

太田康富 (2002)「経済発展に寄与した優遇税制を EU に適合（アイルランド）」 JETRO ユーロトレンド 2002.3, 41-46.

鶴田廣巳 (2001)「有害な租税競争と国際租税協調」 会計検査研究 No.23, 85-99.

西川雅史・林正義 (2006)「政府間財政関係の実証分析」『フィナンシャル・レビュー』82, 197-222.

堀場勇夫 (2008)『地方分権の経済理論　第 1 世代から第 2 世代へ』 東洋経済新報社

松田有加 (2004)「租税競争がアメリカの州財政に及ぼす影響とその評価」『名古屋商科大学総合経営・経営情報論集』48(2), 265-73.

松本睦 (2006)「政府関税競争の理論－資本税競争を中心として－」『フィナンシャル・レビュー』82, 37-78.

索 引

■ 英字 ■

EU .. i, ii, 5, 6, 33, 35–37, 39, 64

IFSC 36, 37

IMF 36

OECD ... i, ii, 1, 2, 4–7, 30, 31, 33–35, 37, 39

ZMWモデル . 11, 12, 15, 21, 22

■ あ行 ■

アイルランド ii, 4, 9, 35–40, 64, 87, 95

アメリカ .. 1–3, 9, 29–32, 35, 39

イギリス 2–4, 6, 9, 36, 39

欧州委員会 6, 33, 36, 37, 39

大阪府 26, 29

■ か行 ■

核–周辺パターン 24

神奈川県 26, 67

カナダ 9, 29, 32

規模の経済性 .... iii, 44, 67

均一課税 .... i, iii, 41–45, 48–50, 54, 61, 64, 65, 70, 78, 80–85, 87, 89

ケイマン諸島 4, 7–9

研究開発 67, 74

行動要綱 (EU) 6, 35, 36

■ さ行 ■

差別課税 .... i–iii, 33–35, 37, 39, 41–45, 47–53, 60, 69–75, 77–85, 87

シャープ 26

シャノン空港地区 36, 37

新経済地理 23, 67

スイス 9, 29, 32

垂直的外部性 23, 32

垂直的競争（関係） 26, 31

水平的競争（関係） 25, 31

スピルオーバー ... 25, 26, 34, 82

税務当局間の情報交換 7–9, 33–35

戦略的代替 31

戦略的補完 28, 31

租税協調 23, 24

■ た 行 ■

対称な地域 .... ii, 14, 44

武田薬品工業 26

タックス・ヘイブン ii, 4, 7, 9, 37

タックス・ホリデー 33

単一資本 . 45, 78, 80, 82–85, 105

ドイツ 2–4, 9, 29, 31, 36, 39, 64, 87, 95

■ な 行 ■

日本 2, 3, 7, 9, 26, 39

■ は 行 ■

非対称な地域 .. ii, iii, 11, 15, 16, 44, 51, 59, 63–65, 87

兵庫県 26

フランス 4, 9, 39, 64

ベルギー 9, 29–31

■ ま 行 ■

マン島 4, 7, 9

ミミッキング 28, 30

■ や 行 ■

ヤードスティック競争 26, 28, 30

有害な差別課税 .... ii, 33, 34

有害な租税競争 . i, 6, 33, 34, 120

■ ら 行 ■

リバイアサン 5, 22

リヒテンシュタイン 7, 9

リング・フェンシング 33, 34, 45

■著者紹介

大島　考介（おおしま　こうすけ）
大阪大学大学院経済学研究科博士後期課程修了
現在、流通科学大学総合政策学部准教授
博士（経済学）

主な論文
Single Capital, Investment Choices and Preferential Tax Regimes(2010), Papers in Regional Science 89(3), 659-668
「官民協働の理論と指定管理者制度」(2007)，会計検査研究 35，85-94
「不完備契約と PFI」(2001)、日本経済研究 43、87-100

租税競争と差別課税

2011 年 8 月 31 日　初版第 1 刷発行

■著　　者────大島考介
■発 行 者────佐藤　守
■発 行 所────株式会社 **大学教育出版**
　　　　　　　　〒700-0953　岡山市南区西市 855-4
　　　　　　　　電話 (086)244-1268 ㈹　FAX (086)246-0294
■印刷製本────サンコー印刷㈱

Ⓒ Kosuke Oshima 2011, Printed in Japan
検印省略　　　落丁・乱丁本はお取り替えいたします。
無断で本書の一部または全部を複写・複製することは禁じられています。

ISBN978 − 4 − 86429 − 085 − 2